Mamadou Moussa Doumbouya

Développement local participatif en Guinée:cas de la moyenne Guinée

Mamadou Moussa Doumbouya

Développement local participatif en Guinée:cas de la moyenne Guinée

Éditions universitaires européennes

Impressum / Mentions légales

Bibliografische Information der Deutschen Nationalbibliothek: Die Deutsche Nationalbibliothek verzeichnet diese Publikation in der Deutschen Nationalbibliografie; detaillierte bibliografische Daten sind im Internet über http://dnb.d-nb.de abrufbar.

Information bibliographique publiée par la Deutsche Nationalbibliothek: La Deutsche Nationalbibliothek inscrit cette publication à la Deutsche Nationalbibliografie; des données bibliographiques détaillées sont disponibles sur internet à l'adresse http://dnb.d-nb.de.

Coverbild / Photo de couverture: www.ingimage.com

Verlag / Editeur:
Éditions universitaires européennes
ist ein Imprint der / est une marque déposée de
OmniScriptum GmbH & Co. KG
Heinrich-Böcking-Str. 6-8, 66121 Saarbrücken, Deutschland / Allemagne
Email: info@editions-ue.com

Herstellung: siehe letzte Seite /
Impression: voir la dernière page
ISBN: 978-3-8417-4534-7

Remerciements

C'est le moment pour nous de remercier les amis qui nous ont aidés à surmonter certaines difficultés liés à l'élaboration de ce mémoire. C'est le lieu et l'occasion pour nous de remercier la directrice de département Madame Danièle BORDELEAU pour son soutien à l'aboutissement de ce travail ; malgré ses multiples charges. Nous remercions également Suzanne la secrétaire du département et l'ensemble des professeurs de l'université Senghor notamment ceux de l'administration et gestion et plus particulièrement de management des projets pour la qualité des cours qu'ils ne cessent à donner aux cadres africains.

Nous la remercions pour sa bienveillance, et la patience qu'elle nous a manifesté sans laquelle ce travail n'aurait pu aboutir à son terme. Nous remercions également les encadreurs notamment Monsieur Lucien Gendron et Shérif Delawar qui ont toujours été auprès pour nous aider à produire un travail scientifique de qualité. Nous n'allons pas terminer sans dire merci Monsieur Alpha Oumar Bah économiste au fond monétaire international (Guinée) et sa famille, à El hadj Alhassane Diallo, Mr Ousmane Barry, Mr Taran Diallo de l'université Victor Hugo de Conakry, et tout autre amis de près ou de loin qui m'ont soutenu jusqu'ici.

Mamadou Moussa DOUMBOUYA

Dédicace

Je dédie ce mémoire à mon père et ma mère qui m'ont donné une éducation de base :

Ibrahima DOUMBOUYA et Houdia Barry

Et tout ceux de près ou de loin qui ont contribué à mon éducation façon positive.

Résumé

 La Guinée est un pays francophone située en Afrique de l'Ouest avec une superficie de 245857km². Elle fait frontière avec le Sénégal, le Mali et la Guinée Bissau au Nord, au Sud par le Liberia et la Sierra Leone, à l'Est par la Cote d'Ivoire et à l'Ouest par océan Atlantique. Avec une population de plus de 11millions d'habitant, a subit une mutation de son indépendance à nos jours de régimes politique du socialisme (1958-1984) au libéralisme.

Un libéralisme qui a occasionné une ouverture au secteur privée, à la décentralisation des pouvoirs et à la libre circulation des biens et des personnes. Une décentralisation qui donne un libre chemin au développement local accompagné par des programmes et projets publics appuyé par certains organismes nationaux et internationaux du développement. Pour cette région de la Moyenne Guinée ce développement est loin d'être une réalité dû au fait que certains paramètres contributeurs et essentiels au développement n'ont pas été pris en compte. Ces paramètres sont entre autre le niveau d'implication des populations à la définition de leurs priorités, la non prise en compte de l'approche genre et le niveau d'analphabétisme élevés et l'exode rural. Ainsi pour un début, face ces multiples besoins nous estimons que la réussite d'un développement dans une localité passe nécessairement par l'implication effective de la communauté et la mise en place d'un suivi-évaluation pour mesurer l'impact du développement. C'est pourquoi après avoir d'écrire le contexte nous chercherons des théories liées au développement local participatif suivi des d'une approche méthodologique afin de dégager les perspectives pour la réussite d'un développement local participatif.

Mots-clefs

Libéralisme, décentralisation, développement, implication, suivi-évaluation, impact de développement

Abstract

Guinea is a country located in Francophone West Africa with an area of 245857km2. It is bordered by Senegal, Mali and Guinea Bissau in the north, to the south by Liberia and Sierra Leone, to the east by Cote d'Ivoire and to the west by the Atlantic Ocean. With a population of over 11 million inhabitants, has undergone a transformation of its independence to the present day political regimes of socialism (1958-1984) liberalism. Liberalism which caused an opening in the private sector, decentralization of power and the free movement of goods and services. Decentralization which gives a free path to local development accompanied by public programs and projects supported by some national and international development. For this region of Guinea this development is far from being a reality due to the fact that some parameters and essential contributors to the development have not been taken into account. These parameters are different between the level of involvement of people in defining their priorities, not taken into account the gender and the degree of illiteracy and very high rural exodus. That is why we believe that the success of a development in a community necessarily requires the effective involvement of the community and the establishment of monitoring and evaluation to measure the impact of development

Key-words

Liberalism, decentralization, development, involvement, monitoring and evaluation, development impact

Liste des acronymes et abréviations utilisés

AQOCI : Association Québécoise des organismes de coopération internationale

APA : Apprentissage Participatif et Action

CARE : Coopérative pour l'Assistance et le Secours partout

CDR : Communauté Rurales de Développements

CIHEAM : Centre International de Hautes Études agronomiques Méditerranéennes CMRN : le Comité Militaire de Redressement Nationale

CU : Communes Urbaines

CUD : Communes Urbains de Développement

CODESRIA : Conseil pour le développement de la recherche en sciences sociales en Afrique.

DSRP : Document de Stratégie de Réduction de la Pauvreté

DSRPR : Document de la stratégie de réduction de la pauvreté régionale

EIBEP : Enquête Intégré de Base pour l'Évaluation de la Pauvreté

ELEP : Enquêtes légère sur l'Évaluation de pauvreté

ERP : Évaluation Rurale Participative

ERR : Évaluation Rurale Rapide

EIBC : Enquête intégré de Base de condition de vie des ménages

FPFD : Fédération Paysanne de Fouta Djallon

GAR : Gestion Axée sur les Résultats

GTZ : Coopération Technique Allemande

IDH : Indice de Développement Humain

IRAG : institut de recherche agronomique de Guinée

MATD : le Ministère de l'Administration et de la Décentralisation

MDDL : Ministère de la Décentralisation et de développement local

MG : Moyenne Guinée

MP : Ministère du Plan

OMD : les Objectifs du Millénaire pour le Développement

ONG : Organisation Non Gouvernemental

OIT : Organisation Internationale du Travail

PNUD : Programme des Nations Unies pour le Développement

PAS : Programme d'Ajustement Structurel

PIB : Produit Intérieur Brut

PACV : Programme d'Appuis aux Communautés Villageoises

PAIB : le Programme d'Appuis aux Initiatives de Base

PARC : le Programme d'Appuis et de Renforcement des Collectivités décentralisées en Guinée

PDL : Plan de Développement Local

PAI : Plan Annuel d'Investissement

PADHD : Programme d'Appuis au Développement Durable

PEV/SSP/ME : Programme Élargi de Vaccination, Soin de Santé Primaire et Médicaments Essentiels

Po : incidence de la pauvreté

P1 : profondeur de la pauvreté

P2 : sévérité de la pauvreté

SED : le Secrétariat d'État à la Décentralisation

SRP : Stratégie de Réduction de la Pauvreté

UNICEF : le Fond des Nations Unies pour l'Enfance

URSS : Union des Républiques Socialistes Soviétiques.

.

Listes des tables et des figures

Table des matières

Introduction

La république de Guinée est un pays de l'Afrique de l'ouest avec une superficie de 245857km². Limitée au nord par le Sénégal, le Mali ; et la Guinée Bissau au nord-ouest; au sud par le Liberia et la Sierra Leone ; à l'est par la Côte d'Ivoire à l'ouest par l'Océan Atlantique. Sa population est estimée à 11,3millions dont 52 % des femmes, avec un rythme de croissance 3,1(MP, 2011).

Sa population est jeune elle représente les 44% et seulement 4% a un âge supérieur à 65ans. Sur le plan éducation seulement 8 % de la population ont achevé le cycle universitaire, plus de 10% le secondaire et le même pourcentage pour le primaire ; le reste pour les non instruites (MP, 2012). Suite à une étude diagnostique sur le pays en 1985, le souhait du nouveau régime était de passer d'un régime socialiste à un régime libéral. Ce qui conduit à partir de 1986 à la décentralisation des pouvoir jusqu'à la responsabilisation des secteurs locaux.

Pour appuyer la politique de la décentralisation, beaucoup des structures et programmes d'appui au développement ont vu le jour entre autre le Programme d'Appui aux Communautés Villageoises (PACV), le programme sur le libéralisme économique etc... Mais le problème est de savoir si ces programmes ont porté fruits dû au fait qu'une aide au développement non maitrisée par les bénéficiaires a souvent des résultats mitigés. Cela revient à dire que le développement local s'inscrit comme un processus que s'approprient les individus et la collectivité pour répondre à leurs besoins. La participation effective de tout le processus de développement permettrait de valoriser et mobiliser les parties prenantes dans la mobilisation et la maitrise des moyens nécessaires à la création et l'amélioration des conditions de vie de cette population.

Pour ce qui est de la Guinée et plus particulièrement la région de la Moyenne Guinée nous aurons besoin de savoir si cette participation de la population est effective dans le processus de développement. C'est pour quoi notre étude se focalise essentiellement sur l'état des lieux du développement local en Moyenne Guinée et les perspectives du développement pour la région. Ainsi pour l'atteinte de notre objectif, nous chercherons à énumérer l'ensemble des problèmes liés au développement local en Moyenne Guinée. Présenter les avantages et acquis à la première partie afin de se donner une idée plus claire sur le domaine., La deuxième partie nous chercherons à faire une revue de littérature qui nous permet de comprendre la relation existant entre le développement local et la décentralisation de façon général et des théories pour sa bonne réussite. Dans la troisième partie nous présenterons une démarche méthodologique et des outils appropriés pour répondre au problème posé. Les conséquences du développement local à travers les analyses de certaines données feront corps à la quatrième partie suivie des perspectives. Par la suite faire nous essayerons de faire un récapitulatif de l'ensemble des principales parties du document pour faire une conclusion. En fin une ouverture pour ceux qui voudront élargir leurs recherches en la matière.

1 PROBLEMATIQUE

Dans cette première partie nous décrirons le contexte de l'étude, les principaux problèmes qui handicapent le développement local en Guinée de façon générale, et particulièrement en Moyenne Guinée. Enfin, nous mettrons l'accent sur les acquis et avantages du développement local de cette région.

1.1 Contexte de l'étude

Il sera question de faire un survole sur le problème du développement dans la sous région Ouest africaine.

1.1.1 Contexte sous régional

Dans une Afrique minée par divers conflits (ethnocentrisme, des guerres civiles, les conflits..), à la mal gouvernance; il est très difficiles de croire à l'émergence d'une alternance locale dont la finalité est souvent le désespoir (Alissoutin 2004 et repris par CODESRIA, 2008).

Le problème de développement local est un autre cas qui s'ajoute aux autres réalités qui caractérise l'Afrique. Est ce que le développement est à l'ordre du jour ? Si oui sa démarche est elle efficace pour amorcer le changement de bas en haut car le contraire ne nous a point produit un résultat fiable ?

Alors ce développement local est-il un ensemble des initiatives prises localement et pouvant induire des changements sociaux économique suffisamment significatifs pour s'inscrire dans la durabilité ou c'est un simple discours sans lien avec la réalité?

Le développement local, pour refléter son image qu'il a, après les différents échecs des solutions étatiques centralistes et dirigistes doit résoudre l'équation de point de vue équilibre entre le local et le global et résoudre la démarche de l'efficacité à l'action (CODESRIA, 2008).

Il est nécessaire que des groupes sociaux appartenant à un territoire ayant une culture commune décident et réfléchissent de leur sort. L'Afrique de l'ouest est l'une des sous régions qui a connu des transformations profondes : nouveaux mode de gouvernances, le libéralisme économique, le passage du monopartisme au multipartisme, l'expansion du secteur informel générateur d'emplois, les ajustements macro-économique et structurels, la libéralisation des médias privés, émergence des rôles des sociétés civile, évolution des droit des femmes, la priorité accorder au développement local et le processus d'intégration sous régionale). Ce qui fait qu'elle est qualifiée d'une région en mutation. À la base de cette remarque nous pouvons résumer qu'elle a subit durant ces dernières années des transformations sur le plans social, culturel, économique, politique et institutionnel (CLUB SAHEL, OCDE, 2008).

1.1.2 Bref rappel historique

Le « non » de la Guinée à la France en 1958 oblige cette ancienne colonie française à s'orienter vers un régime socialiste qui devient de plus en plus autoritaire. Cette autorité se caractérise par un manque de droit de l'homme, le manque d'expression et le manque de circulation de biens et services. La chute de ce premier régime fût caractérisée par la précarité de la vie du guinéen. Ceci a eu pour conséquences, la détérioration continue du produit intérieur brut, une baise du taux de croissance en terme réel qui passa de 3 % en 1960 à moins d'1% en 1980 (MP/PNUD, 2005).

En 1985, à la faveur de la prise du pouvoir par l'armée (le Comité Militaire de Redressement National) (CMRN), l'espoir renait au sein de la population. Ce comité entame des reformes profondes sur le plan macro-économique avec la Banque Mondiale et le Fonds Monétaire International à travers le Programme d'Ajustement Structurel (PAS). La mise en place d'un programme national de décentralisation, l'adoption de la loi fondamentale, le passage du régime socialiste au régime libéral, la facilité de libre échange des biens et services, la privatisation de nombreuses industries nationales, la reforme de l'éducation nationale, le passage du parti unique au multipartisme. L'ensemble de ces reformes ont permis à la Guinée de réduire l'inflation de 72% en 1987 à 5% en 1993. Une nette amélioration du PIB de 3 % en 1993 (André Pochon, 1998, repris par chérif, 2009).

1.2 Problèmes de développement local en Guinée

La Guinée est confrontée à un certain nombre de problèmes qui entravent sérieusement son processus de développement local. Ces problèmes se situent à différents niveaux et dans des secteurs clefs : au niveau des ressources humaines, financière et disfonctionnement, de la population et la gouvernance.

1.2.1 Au niveau de ressources humaines, financières et disfonctionnement

Dans presque toutes les Communautés Rurales de Développement (CRD) de la Guinée, nous constatons une insuffisance notoire en matière de ressources humaines et financières. Le nombre de cadres exerçant en milieu rural est très insignifiant. Les quelques fonctionnaires qui travaillent dans les CRD bénéficient rarement des activités de renforcement de capacités. Cela a une influence sur la qualité de leur prestation et les démotivent dans leur travail. En ce qui concerne les ressources financières, les politiques sectorielles de la décentralisation ne sont pas accompagnées de ressources financières adéquates permettant leur mise en œuvre (Savadogo (2005), chérif (2009), LPDL (2011). Ce qui justifie une insuffisance d'application des textes de lois de la décentralisation et souvent la non réalisation des objectifs assignés et la difficulté de recouvrement des taxes et impôts. Tous ces problèmes entrainent des disfonctionnements dans la plupart des CRD. Notamment, l'inadéquation des politiques sectorielles, le faible accès des populations aux services de base. Ce qui traduit la faible capacité des acteurs socio politiques (LPDL, 2011).

1.2.2   Au niveau de la population

En Guinée, selon l'Enquête Légère sur l'Évaluation de la Pauvreté (ELEP) réalisée en 2011, le taux d'analphabétisme chez les populations est à 72%. Seulement 8% ont le niveau universitaire, 10 % le secondaire et un peu plus de10 % le primaire (Ministère du Plan, 2012). Les initiatives de développement local sont souvent confrontées au niveau élevé de la pauvreté dans les zones rurales (79,4 %), (Ministère du Plan, 2012), à l'insuffisance d'appui aux groupements, associations et initiatives individuelles. Une situation qui défavorise la création de revenus dans les familles et chez les individus. Il y a aussi des abus d'agents malhonnêtes de l'administration publique qui ne respectent pas les règles de la décentralisation (Savadogo, 2005).

1.2.3 Au niveau de la gouvernance

Comme nous l'avons signalé si –dessus, elle se caractérisé par un manque de confiance entre les autorités et les populations locales ; Il y a problème lié au mode de désignation des conseils des quartiers, de districts qui aboutissent souvent aux conflits tribaux ; Il ya aussi l'existence de CRD non viable sur le plan économique et financier.

1.2.4 Au niveau juridique et réglementaire

Sur le plan juridique, de nombreux textes de lois ont été élaboré pour faciliter la bonne marche du développement local et leur vulgarisation aux différents les niveaux : la constitution en 1990 ; Le code des collectivités local en 2006 accompagné du guide de planification des collectivités locales
La promulgation de la lettre politique pour le développement local en guinée(LPDL) en   2011. La consolidation de la société civil guinéenne depuis 1986 sur le statut des ONG et coopératives dans ses articles 05 et 072 /PRG/86 et 88 ; par la suite le vote de l'Assemblé Nationale de la loi L2005/013 pour promouvoir le mouvement associatif. Mais malheureusement ces lois ne sont pas opérationnelles faute d'application.

1.2.5 Autres problèmes

Une avancée considérable de la corruption du sommet à la base est un facteur qui a plongé le pays de façon général et la région en particulier dans le cercle vicieux de la pauvreté (rapport de la direction national des études économique et de la prévision ; 2009)

Le pays connait un déficit des politiques de gestion rigoureuse des ressources humaines et un plan de carrière professionnel pour des cadres compétents et motivés. Cette absence empêche souvent les cadres de s'orienter vers les régions, insuffisance de la gouvernance juridique, un recul considérable de la décentralisation de 1992-2009 lie à la politisation des collectivités locale (LPDL ,2011).

1.2.6 Les acquis lié au développement local en Guinée

En Guinée, Il est difficile voir impossible de parler de développement local sans faire cas à la décentralisation. Après 26 années d'expérience de la gestion centralisée de l'économie, le diagnostic établit par les autorités de la deuxième République révèle que la précarité des conditions de vie des populations guinéennes. Face à cette situation le chef de l'État a mis un accent particulier sur l'instauration d'un État de droit au service du développement, redresser l'économie et améliorer les conditions de vie des populations[1] ; en suite la configuration des structures décentralisées comme suit: 38 communes urbaines (CU) dont 5 dans la ville de Conakry, 330 quartiers; 303 communautés rurales de développement (CRD), 2300 districts ruraux. Ce processus de décentralisation a été renforcé par la société civile autour de diverses formes d'organisations à la base (ONG ; coopératives et groupements professionnels) (MATD, 2000).

1.2.7 Les programmes de promotion du développement local et mis en œuvre en Guinée

Depuis le lancement de la politique de décentralisation en 1985, plusieurs programmes de Développement institutionnel et de promotion du développement local et participatif ont été mise en œuvre en vue de lutter contre la pauvreté à la base avec l'appui de la communauté internationale. A titre d'illustration, on peut citer le Programme National de Microréalisation(1987-1990) avec le PNUD, le secrétariat d'État à la décentralisation(SED),qui s'étend sur 178 projets et qui couvre 33 préfecture avec un cout de 19milliards de francs guinéens, Programme d'Appui aux Initiatives de Base (PAIB), Le Programme d'Appui et de Renforcement des Collectivités Décentralisées de Guinée (PARC) lancé en 1994 pour un coût initial d'environ 900.000 $ US avec pour objectif de promouvoir l'autopromotion des collectivités à la base, le programme d'appui aux communautés villageoises qui a permis de mettre en place 146 CRD, des outils de planification et de gestion simplifiée. Au nombre desquels on peut citer :

---

[1] voir annexe le discours

les plans de développement locaux (PDL) ; les plans annuels d'investissement(PAI) ; les comités de passation des marchés ; les comités de suivi des travaux grâce à l'encadrement et aux activités de renforcement des capacités, qui sont entièrement autonomes. En plus les activités de formation et de planification en faveur du niveau régional ont été poursuivies. C'est dans ce cadre que la stratégie régionale de réduction de la pauvreté de Labé a fait l'objet d'examen et d'analyse pour mieux l'adapter à son contexte. Le même processus devrait avoir lieu à Boké, Kindia, Mamou, Faranah, Kankan, Nzérékoré et la ville de Conakry (DSRP2, novembre 2005).mais chose qui n'a pas aboutit par suite d'instabilité politique. Il ya aussi le programme d'appuis au développement durable(PADHD) appuyé par UNICEF a un coût estimé à 2.961000$ qui couvre les huit régions, Programme Élargi de Vaccination, Soins de Santé Primaire et Médicaments Essentiels (PEV/SSP/ME), Soutien de CLUSA/ Guinée aux collectivités des Préfectures de Coyah, Dubréka, Forécariah et Kindia ; Soutien de Plan International Guinée aux collectivités des préfectures de la forêt pour ne citer que ceux-ci….

1.3   Problèmes de développement local en Moyenne guinée

En effet tous les problèmes cités en haut se ressentent dans la région. En plus de ceux-ci, il faut mettre l'accent sur un manque d'audit conséquent et de respect des textes de loi par les gestionnaires à différents niveaux. Ce qui favorise le népotisme et le clientélisme. La gestion des marchés publics se heurte également au fléau de la corruption et à la mauvaise application des textes légaux et réglementaires. Les communautés ou structures bénéficiaires ne sont pas toujours associées à la signature des contrats. Il ya aussi un manque de transparence dans l'octroi des marchés est notoire. Les marchés sont souvent mal exécutés et les résultats dérisoires, aussi bien en termes d'emplois que d'ouvrages réalisés et de services offerts. La gestion foncière constitue une autre préoccupation concernant l'administration. Les commissions domaniales présidées par le préfet de la localité et le maire de la commune urbaine qui en est le vice-président ne sont pas toujours très fonctionnelles. Le transfert de pouvoir aux collectivités dans le domaine foncier n'est pas effectif et le code foncier et domanial souffre d'une mauvaise application.

Les principales activités de la région sont l'agriculture et l'élevage. Mais leurs dynamiques de développement sont fortement bloquées par des conditions naturelles défavorables dominées par des bowés, des montagnes non accessibles et le faible niveau d'aménagement de la région à ceux-ci il faut ajouter le non accessibilité aux intrants. Et cela est ressorti dans le document stratégique régional (DSRP, 2006), L'enclavement des zones de production, La faiblesse des débouchés pour les productions artisanales vient s'ajouter à cela. La faible participation des populations locales constituée majoritairement de femmes, serait aussi liée à la négligence du rôle des femmes dans le secteur agricole. Ceci constitue ainsi un frein à la production[2]. Un exode rural poussé chez les hommes qui met la pression sur les femmes à s'impliquer dans des activités génératrices de revenus (DSRPR, 2006).

1.3.1 Les acquis lié au développement local en Moyenne Guinée

Pour ce qui est de la Moyenne Guinée cette décentralisation est devenue une réalité. Elle a permis d'avoir une composition qui suit : 8 communes urbaines (CU), 81 communautés rurales de développements. Malheureusement son impact sur le bien être de la population est limité due à l'insuffisance des transferts de compétence, à la participation des populations au processus de prise de décision d'une part. D'autre part aux abus des élus locaux, la complicité avec les autorités administratives et/ou judiciaires sur le dos de la population (étude CRD et SRP, 2004). Les collectivités disposent de plans de développement locaux(PDL) élaborés avec appui des services administratifs et de projets programmes. Malheureusement ces plans ne prennent pas à priori la préoccupation des populations et son appropriation par les élus et ses populations posent problèmes. Les plans restent donc les propretés des institutions accompagnatrices. Les plans de développements locaux et les budgets ne disposent presque pas des actions de formation et d'alphabétisation en dépit des énormes besoins qui existent dans la région (étude CRD, 2004).

1.3.2 Avantages du développement local en Moyenne Guinée

L'un des avantages de cette région est le dynamisme de la population qui se justifie dans divers domaines des activités comme le commerce, l'agriculture et l'élevage. En plus de ceux-ci les ressortissants contribuent activement aux efforts de développement local. Par ailleurs il ya plusieurs associations d'agriculteur appelé(FPFD) Fédération Paysanne de Fouta Djallon[3](Un bureau de 5membres élu pour 3 ans, 5 présidents de la filière et 1 président d'honneur ;33 unions plus 8 zones non formalisées appelé des groupements ou union des zones 4 élus pour trois ans; 705 groupements membres d'une même filière, 3 à 4 élus pour trois ans ; 21554 producteurs adhérents dont 66% de femmes, de filières de pomme de terre, oignon, de tomate, de riz et de mais) et d'éleveurs (420 groupements comprenant 1200 éleveurs environ) (Cherif , 2009)).

1.3.3 Les programmes de promotion du développement local en Moyenne Guinée

Les investissements sont à dominance des partenaires aux développements étrangers dans ces différentes collectivités. À titre d'exemple nous avons les programmes d'appui aux communautés villageoises avec un budget 253.000.000 GNF, L'intervention du projet de développement social et

---

[2] (http://www.memoireonline.com/01/12/5103/m_Participation-des-populations-au-developpement-local-cas-de-la-commune-rurale-de-Koumban-prefect5.html)

[3] http://www.erails.net/GN/fpfd/fpfd-/presentation/la-presentation-de-la-zone-de-couverture-de-la-fpfd/

durable Haute et Moyenne Guinée (PDSD-HMG). En plus de ceux-ci il ya Aide et Action, la gestion des ressources naturelles (appui à la gestion intégrée des ressources naturelles des bassins du Niger et de la Gambie : AGIR) pour ne citer que ceux-ci. Mais le système de contrôle n'est de nature à renforcer la connaissance de pratique de la décentralisation, mais plutôt à renforcer la pression et favoriser l'enrichissement illicite et à empêcher la participation effective des populations à la gestion des choses communes. Ce système limite aussi le processus d'instauration de la gouvernance participative. Il ya souvent des conflits de compétences entre les collectivités décentralisées et les structures déconcentrés donc une absence de concertation (SRP, 2007).

1.3.4 Question de recherche

Qu'est ce qui expliquer la divergence entre les objectifs des politiques de développement local et les réalités du terrain ?

1.3.5   Objectif général

L'objectif général vise à analyser le processus de développement local en Moyenne Guinée.

Objectifs spécifiques

Les objectifs spécifiques sont :

1. Identifier les problèmes lies au développement local participatif en Moyenne Guinée ;
2. Comprendre la politique de communication entres les populations et autorités locales.
3. Proposer des pistes de solution pour une meilleure réussite du développement local en Guinée ;

1.3.6 Hypothèse

- La réussite d'un développement local dépend du niveau d'implication des populations locales et des autorités locales. Autrement dit, plus un plan de développement local implique les communautés locales, plus il a de fortes chances d'être approprié par les dites communautés.

1.3.7   Résultats attendus

Suite à notre analyse nous chercherons à proposer une approche de solutions aux problèmes liés au développement local,

Proposer des outils qui permettront aux agents locaux de comprendre et prendre en compte les préoccupations des populations dans la mise en œuvre des projets de développement.

De s'approprier des outils d'autoévaluation et le suivi des projets pour leur viabilité.

1.3.8 Synthèse des données

Le développement local ayant pour objectif d'améliorer le cadre de vie des personnes de la communauté pour qu'elles puissent profiter d'un environnent sain et agréable, d'améliorer le milieu de vie des populations pour qu'elles puissent s'épanouir ; offrir à la communauté plusieurs occasions sociales et culturelles. Il cherche aussi à augmenter le niveau de vie de la communauté pour lui permettre de gagner un revenu pour pouvoir profiter des avantages de la communauté (création d'emplois et répartition de la richesse).

Face à cette situation les documents d'enquête légère pour l'évaluation de la pauvreté en Guinée(ELEP) et celui des enquêtes intégrées de base pour l'évaluation de la pauvreté(EIBEP) nous ont attiré l'attention pour faire l'analyse.

Ainsi nous utilisons les documents de la dernière enquête qui date de 2011, les DSRP régional, les rapports des PNUD sur la guinée dans sa dernière version 2011, les ouvrages , les thèses sur le développement local, la décentralisation et la méthode participative comme de développement et de maitrise soutenu et validé dans les centres de recherche guinéens et d'ailleurs. Il ya aussi la lettre politique du développement local version 2011et les codes de collectivités locale en Guinée. Nous avons utilisé une multitude des documents qui parlent de la décentralisation et du développement local.

2   REVUE DE LA LITTERATURE SUR LE DEVELOPPEMENT LOCAL

A ce niveau nous chercherons à parler des différents concepts du développement et son évolution, développement participatif local et le lié à la décentralisation sans oublier les outils de la réussite du développement local et en fin faire une corrélation entre ces différents concepts

2.1   Les concepts de développement local

En se référant à différentes sources et des courants philosophiques sur le développement, nous constatons qu'il a eu plusieurs transformation selon le contexte dans des appellations comme :
« Développement rural », « développement territorial » « développement local », « développement intégré », « développement durable » ou encore « développement participatif » ...qui ne voudront pas dire peut être les mêmes choses au début mais en fin qui se retrouvent dans un même panier celui de la responsabilité collectives, concertée et décidée à la mise en œuvre des actions communes.
Malgré cette convergence des visions, le concept de développement local et les pratiques qui s'y rattachent se caractérisent par la multiplicité des discours et des programmes tour à tour complémentaires et contradictoires [4](OUATTARA, 2003)
L'écart entre théorie et pratique est plutôt dû au scepticisme général quant aux possibilités d'inverser les tendances négatives qui marquent aujourd'hui nos sociétés et se répercutent sur leur avenir.

 La diffusion dans l'univers du discours, de développement local et de sa relation avec le développement humain, pourrait être considérée comme faisant partie du processus d'uniformisation. Mais il existe, dans la réalité une autre uniformisation, simultanée et douloureuse, l'extension de la pauvreté[5].

Cette pauvreté s'aggrave sans cesse et n'est plus un phénomène typiquement rural, qui pourrait être attribué à certaines localités par rapport à d'autres même au centre des villes les plus grandes et les plus développées de notre continent, il existe des poches de pauvretés à la dimension des villes et de régions entières, pour ne pas dire des pays.

En observant l'évolution du développement local tout en ayant conscience de son disfonctionnement, nous déduirons que c'est une équation qui mérité une procédure efficace d'action.

C'est pourquoi je partage l'idée de Pierre Campagne de l'institue agronomique Méditerranéen, selon laquelle le   concept développement local doit être précis dans son contenu car il n'est propriété

---

[4] Développement communautaire et réduction de la pauvreté dans un contexte de décentralisation, Claude OUATTARA, 2003 ; Pag, 4
[5] Articula publicado en économie et solidarité, mouvements sociaux et économie sociale, Revisita de CIREC Canada, volume 33, numero2, presse de l'université de Québec.

d'aucune discipline sociale. C'est donc nécessaire pour les économistes aussi puisqu'ils ne disposent de la théorie comme clef de lecture conceptuelle.

2.2 Définition du développement au développement local

Nous cherchons à voir la définition du développement, son évolution, les différents outils d'évaluations selon le cadre.

2.2.1 Définition

Selon François Perroux(1961) « le développement est la combinaison des changements mentaux et sociaux d'une population qui la rendent apte à faire croitre durablement son produit global »

En effet, le développement est un processus endogène à la fois économique, sociale et politique qui favorise l'épanouissement et l'autonomie d'une population dans son milieu d'évolution.

Durant la seconde moitié du 20eme siècle, particulièrement dès la fin de la 2eme Guerre mondiale (1939-1945), la situation politico-économique mondiale allait connaitre un déséquilibre sans précédant avec le déclin de l'Europe suite aux conséquences lourdes des guerres et la montée en puissance des États –Unis. Parallèlement, d'autres enjeux se dessinaient sur la scène politique internationale ; les alliés devaient se protéger contre une expansion des idées communistes sous le leadership de l'URSS, opposées à la vision capitaliste occidentale. La guerre froide s'était en effet amorcée. C'est dans ce contexte particulier de post guerre et de grands mouvements idéologiques que le développement allait prendre une impotente dimension politique avec sa consécration par le président américain Truman en annonçant, alors de son discours d'investiture du 20 janvier 1949, le « point IV » du plan marshal spécifique aux pays sous-développés. Cette déclaration a fait un très grand écho, ce fut « l'ère du développement » (Rist ; 2001). Ainsi Nous pourrons dire que le développement est un processus qui permet aux êtres humains à amener à un stade plus avancé leur personnalité, de prendre conscience en eux-mêmes et mener une existence digne et épanouie.

2.2.2 Évolution du concept

Le développement évolue et s'adapte aux réalités socio-économiques et politiques changeantes des sociétés. Plusieurs raisons expliquent cette évolution : 'inefficacité des projets entrepris jusque dans les années 1990 pour sortir les masses de la pauvreté (blanchet, 2001), les retombées négatives de l'industrialisation sur l'environnement. D'autres qualificatifs ont été ajoutés au concept. Nous n'allons pas évoluer point par point. Cependant certains méritent d'être soulignés étant donné qu'ils font l'actualité et constituent l'attente et de propagande de beaucoup des organisations locales, nationales et internationales en début du 21eme siècle qui réclament une forme de développement (Sahel/OCED, 2008).

2.2.3 Développement local et décentralisation : deux concepts différents.

Aujourd'hui il est difficile voir impossible de parler du développement local sans faire recours à la décentralisation comme si l'un engendrait l'autre. Cela est dû au fait que les États ont une tendance vers le processus institutionnel de la généralité au particulier. Il est lié aussi au fait qu'on a une forte adhésion vers le partenariat. Cette interrelation nous pousse à venir vers sa genèse qui, de l'origine ne sont pas complémentaire qui le devient plus en plus ; et aussi de partager la conviction que chaque situation exige sa propre grille d'analyse. Le greffage tient compte de la réalité sociale qui l'accueille. Ils ont deux modes de gestion l'un rédistributif de compétence du centre vers les périphéries de l'État, et l'autre le participatif à la base, des forces qui composent une communauté. La question posée est celle de la bonne gouvernance qui met à la disposition d'une collectivité les outils nécessaire pour sa bonne réussite.

La notion du développement local est née en France suite à la prise en conscience que les politiques d'aménagement des territoires qui donnent solution aux déséquilibres socio-économique ne sont efficaces qu'en s'appuyant sur les populations local (Jean-Christophe DEBERRE, 2007). Le développement local est un mouvement aux différentes dimensions (culturelle, économique, et sociale) qui a pour objectif d'augmenter le bien être d'une société, à valoriser les ressources d'un territoire pour et par les groupes qui l'occupent. Quand à la décentralisation, elle est le transfert d'autorité et de responsabilité des fonctions publiques, de l'administration centrale, vers les organisations gouvernementales subordonnées ou quasi autonomes et /ou vers le secteur privé.

De nos jours, il parait inconcevable à l'esprit des spécialistes en développement d'entreprendre des actions de développement qui ne prennent pas en compte les générations futures. Les recherches montrent que l'industrialisation, soubassement de la modernisation, est à l' origine de grandes perturbations environnementales au point de mettre en péril de nombreux écosystème. Cependant, des millions de gens continuent de patauger dans la misère. Les problèmes environnementaux seront présents et plus menaçants tant que les populations doivent avoir à affronter la misère et l'injustice (Brundtland, 1987)[6]. Aujourd'hui les esprits convergent plutôt vers un développement qui touche toutes les couches sociales, un développement avec une forme d'exploitation des richesses naturelles avec moins d'impacts sur l'environnement et une distribution équitable des profits sans toutefois compromettre l'existence des futures générations.

Selon Brundtland(1987), le développement est celui qui prend en compte les besoins actuels sans compromettre la capacité des générations futures ; c'est-à-dire prendre en compte la qualité de vie, les

---

[6] Madame Harlem Brundtland a établi le lien étroit entre la pauvreté et les risques écologiques dans le rapport de la commission mondiale sur l'environnement et le développement dont elle a été la présidente. Ce rapport publie en 1987 est accessible en ligne dans [http : 3w.wikilvres.info/wiki/rapport_bruntland] consulté le 21decembre 2012

richesses environnementales, sociales et économiques. Cette idée est appuyer par l'OCED (1997a) en l'identifiant sur les trois dimensions : spatiale (l'échelle peut aller de la parcelle à la planète), temporelle (une période de référence pour l'évaluation du développement) et sociétale (tient compte de l'économie, des valeurs, l'environnement).

Quand ce développement prend en compte des visions globales et stratégiques dans une logique de rationalité, on parle de développement intégré (Morise, 1992).

2.2.4 La réussite du développement local

La réussite d'un développement local dépend de deux phases : la phase d'identification des problèmes pour la conception des projets et programme et celle de la mise en œuvre. Pour cela nous utiliserons deux modèles d'outils celui de Coopérative pour l'Assistance et le Secours partout (CARE) et le Programme des Nations Unies pour le Développement (PNUD).

2.2.5 Participation des populations à la conception des projets

Pour ce qui est du CARE[7] durant ces deux dernières décennies il ya une tendance d'aller de l'évaluation Rurale Rapide vers l'Évaluation rurale/rapide participatives(ERP).

Malheureusement l'ERP était devenue un tel souhait que le terme était utilisé par beaucoup qui forçaient sa définition ou du moins l'utilisaient plus à des fins d'extraction que d'habilitation. Ainsi pour se séparer de la méthode, les spécialistes ont voulu se séparer de ce rabaissement de la valeur de l'utilisation de l'ERP et ont donc commencé à parler d'Apprentissage Participatif et Action(APA). Ce qui veut dire si ERP est à court terme, APA est un processus à long terme au développement continu de la capacité d'une communauté d'identifier ses propres besoins et leur mise en œuvre à travers des plans d'action pour améliorer ses propres conditions.

Voyons la distinction dans ce tableau entre ces différentes méthodes

---

[7] CARE : expériences vécues à travers le monde à partir des programmes en matière de santé de la production accompagnées d'un guide de terrain décrivant les techniques et les outils participatifs étape par étape

Table 1: quelques definitions suggerer pour faire la difference entre les termes

Acronyme	ERR	ERP		APA
Nom	Évaluation Rurale Rapide	Évaluation Rurale (ou Rapide) Participative		Apprentissage Participatif et Action
		Version plus Courte	Version plus Complète	
But Essentiel	Extractive, Essentiellement des données quantitatives à partir des enquêtes	Extractive, mais utilisant la communauté pour les informations qualitatives	Plus participative, mais Essentiellement pour obtenir des Informations pour l'évaluation	Habilitation de la Communauté à Entreprendre l'auto développement Continu
Délais (implication des étrangers)	1-2jours dans la communauté	1-2jours dans la communauté	3-7jours dans la communauté	Engagement contenu sur plusieurs mois ou années
Avantage pour l'agence exterieure	***	***	**	*
Avantage pour les membres de la communaute		*	**	***

*faible niveau d'avantage, **niveau moyen d'avantage, ***haut niveau d'avantage

Source 1: le CARE

Selon le même bureau d'étude il énumère certains rappels semblables aux principes de la réussite de la méthode participative comme suit :

❖ **faire attention à la fausse participation** : certaines formes d'intervention ne sont pas participatives en elles mêmes. dans de tels cas il est artificiel d'essayer d'imposer des techniques participatives à un processus autrement orienté du sommet à la base.

❖ **Savoir accéder au besoin de toute la zone** : il est peut être erroné de supposer une homogénéité à travers toute la zone, il se peut que le projet n'est pas les ressources (temps ou fonds), à faire une évaluation participatives de plusieurs communautés. l'idéal serait d'avoir pour exercice initial d'évaluation un moyen de fournir des informations suffisantes pour aboutir à une conception de tout un projet.

❖ **Être flexible** : Meera Kaul shah fait remarquer que les évaluations participatives peuvent être effectuées même après le démarrage d'un projet. Une approche itérative de conception initiale ⟹ action⟹ apprentissage⟹ plan révise permettrait à un projet de continuer à améliorer son plan pour répondre aux besoins et situation réels au fur et a mesure qu'ils sont mieux compris et /ou au fur et à mesure qu'ils évoluent avec le temps.

❖ **Éviter l'approche de plan préconçu** : il est dépendant d'un plan global élaboré à la hâte, il faut persuader les bailleurs de fonds d'autoriser (et de financer) une prolongation de la période de recherche-action pour qu'un temps suffisant puisse être consacré à faire impliquer davantage l'intervenant dans le processus évolutif d'élaboration de plans de projet. Faire une distinction entre une approche de développement communautaire et une approche spécifique à un secteur : le premier se base sur les besoins de communautés spécifiques en tenant en compte des perspectives de ces communautés en les aidant à travers divers formes d'assistance. Or la dernière approche apporte des interventions techniques particulières aux communautés

2.2.6 Gestion axée sur le résultat de développement

Le plan strategique de PNUD 2008-2011 stipule que toute les activités qui evoluent vers le renforcement des capacités, des sensibilisations,l'assistance technique en matière de developpement doivent aller vers un meme resultat ; qui est celui de l'amelioraltion des conditions de vie de la population. C'est pourquoi bon nombre des gouvernements parlent de la gestion axée sur les resultats de developpement. Ils utilisent les memes concepts que le GAR(gestion axée sur les resultats) qui sont la planification,le suivi, l'evaluation et l'apprentissage et le retour à l'information en plus de ceux-ci, il focalise l'aide au developpement par les resultats réels et significatifs.

Le GRD est un instrument qui repond à la demande des populations vis-à vis des autorités publiques aussi bien dans les pays developpés qu'en voies de developpements.c'est une approche qui encourage des partenaires au developpement et renforce le partenariat entre les acteurs de developpement, elle renforce aussi les mesures qui vissent l'appropriation nationale et la capacité de developpement. Elle va dans la meme direction que le GAR mais elle mais plus d'accent sur l'environnement exterieur. Donc elle prime sur les programmes du pays que la performance d'une entité ou une agence.

C'est donc plus complexe d'arriver à des resultats de developpement qu'on le pense. c'est pourquoi le PNUD et les gouvernements et autre partenaires au developpement elaborent des documents comme :

Le plan de developpement national ou une strategie de reduction de la pauvreté,

Des plans de developpement sectoriels ;

Le plan cadre des Nations Unies pour l'Aide au developpement(PCNUAD) ;

Le plan strategique institutionnel(tel que le plan strategique du PNUD2008-2011) ;

Des Documents de Programmes Nationaux(CPD), regionaux et mondiaux et des Plan d'Action du Programme de Pays(CPAP) ;

Des cadres de suivi et d'evaluation et des palns d'evaluation

Des plans de travail pour le developpement et la gestion

Des plans specifiques aux bureaux

Et en fin des documents des projest et des plans de travail annuels.

Cependant, les bonne intentions, des importants programmes et projets et les resources qui les accompagnent ne suffisent pas pour des resultats de developpement. Mais la qualité des plans, programmes et projets et la bonne utisation de ressources est plus importante.

L'augmentation de reussite depend de quatre niveau à savoir :

Une bonne planification des programmes et projets, la bonne communication, et le suivi et evaluation et l'implication des partenaires .

Selon le PNUD, la planification est definie comme le processus qui permet de definir les objectifs, d'elaborer des strategies, de tracer les grandes lignes des dispositions de mise en œuvre et d'atribuer les ressources necessaire à la realisation de ces objectifs.

-Pour ce qui est **de l'evaluation** elle apprecie de façon rigoureuse et independante des activités realisés en cours ou en cours visant à determiner le niveau de realisation des objectifs fixés et la contribution à la prise des decision. Mais on ne peut parler de l'evaluation sans parler de **suivi** ; ainsi selon la Banque mondiale le suivi est processus continu de collecte et d'analyse d'information pour aprecier comment un projet est mis en œuvre, en comparant les performances attendues.

Pour cela nous allons adapter ce model de schema

Figure 2: approche de cycle de la gestion axée sur le resultat

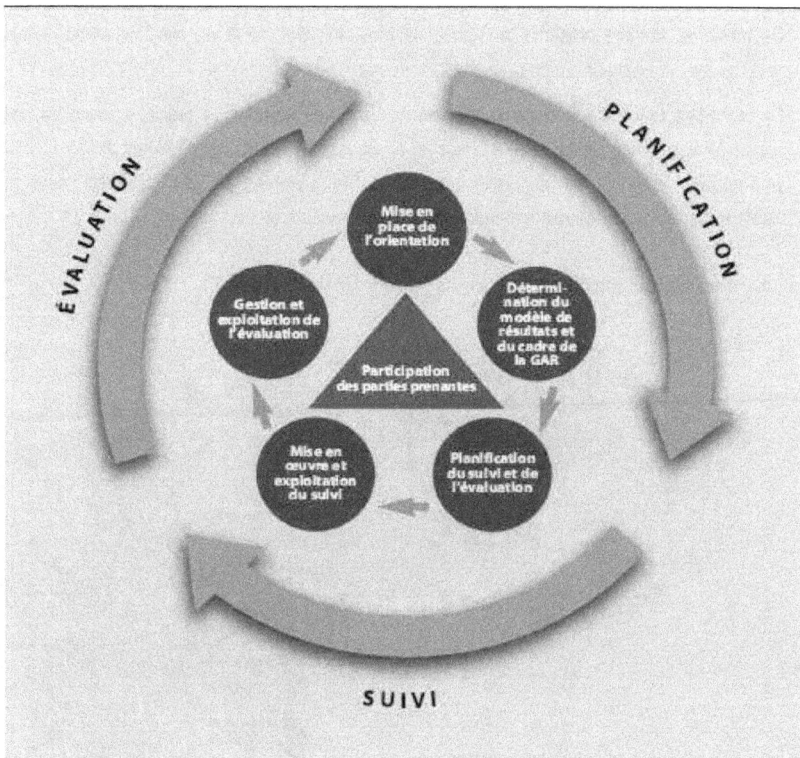

Source 2: PNUD,2009

Ce schéma explique la non nécessité d'aborder de manière séquentielle la planification, le suivi et l'évaluation. Ce qui veut dire que l'évaluation peut se faire à tout moment du cycle de programme. Il explique aussi l'inter connectivité des trois concepts dans le but de soutenir la gestion axée sur le résultat de développement. Pour conclure cette partie littérature nous pensons que la réussite d'un développement des trois acteurs les offreurs, les bénéficiaires et les intermédiaires qui ne sont autre que l'État. Les offreurs doivent ainsi bien identifier le problème avec les bénéficiaires sans quoi la réussite n'est pas évidente.

3   METHODOLOGIE DE RECHERCHE

Ce troisième chapitre présente la Guinée, la moyenne Guinée et expose la méthode choisie pour collecter les informations concourant à valider nos résultats.

La recherche universitaire exige l'utilisation de procédés scientifique précis, opératoires, rigoureux, transmissibles, susceptibles d'être adaptés et appliqués à l'étude d'un problème donné. Ces procédés sont appelés ''méthode de recherche. La méthode de recherche est une démarche intellectuelle qui vise à établir ou mener un raisonnement rigoureux portant sur un objet d'étude.

3.1   Présentation sommaire de la Guinée et de la Moyenne Guinée

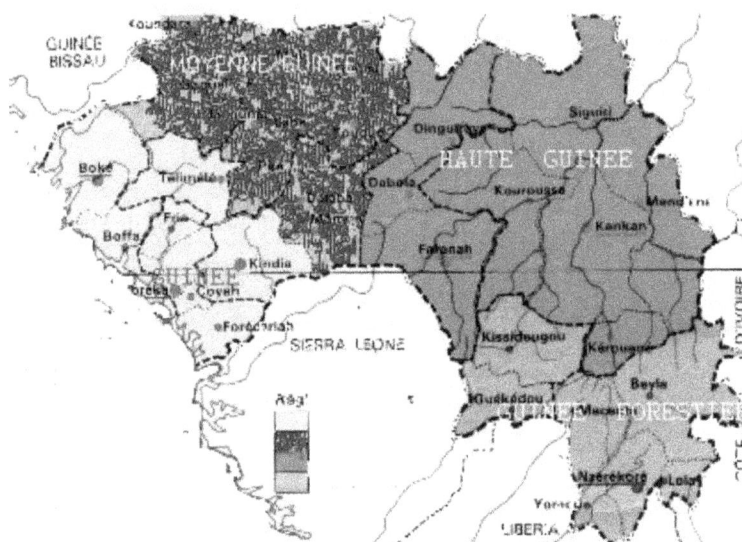

La Guinée a une population estimée à plus de 11,3millions, d'habitants sur une superficie de 245857km2. Le seuil de pauvreté 53,6%(PNUD, 2011). Elle comprend quatre régions naturelles, un écosystème différent avec ses atouts sur le plan agricole, de l'élevage, du tourisme, de la foresterie et un sous sol attractif par sa richesse. La Guinée possède des frontières communes avec la Guinée-Bissau et le Sénégal au Nord ; le Mali et la Cote d'Ivoire à l'Est, le Liberia et la Sierra Leone au Sud, l'Océan atlantique à l'Ouest.

La moyenne Guinée ou Fouta Djallon regroupe 1,6million d'habitants. Elle couvre une superficie de 63 600km² soit les 26% de la superficie du pays et soit 27% de la population totale dont 1,4million de ruraux (88%). Elle comprend le haut plateau du Fouta Djallon, où l'altitude varie de 600 à 1500m et au nord-ouest, les plaines basses des régions de Gaoual et de Koundara. Elle a un climat tempéré, avec une pluviométrie annuelle qui varie entre 1500 et 2000mm. Elle sert de source de plusieurs cours d'eau sous-régional comme le fleuve Gambie, Sénégal et Tinkisso. Les principales cultures sont le fonio, le mais, le manioc, puis l'arachide, le riz et des légumes. La culture des pommes de terre, tomate oignon, aubergine, piment, le miel est des atouts pour la région. La grande richesse à exploiter de la zone la culture stabilisée dans les tapâdes avec fumure organique a haut rendement. Le potentiel en terre cultivable est de 800 000ha, dont plus de 450 000ha sont cultives chaque année dont 80 000ha en tapade. Les tapades et les fonds de vallées présentent des possibilités réelles d'agriculture de rente et d'intensification. Le déséquilibre de plus en plus marque entre la demande et les disponibilités en terre a provoqué une migration des activités pastorale vers la Guinée maritime et autre région du pays.

Le Fouta Djallon nom historique de la moyenne Guinée est une région d'élevage des bovins par excellence. Le Nord–Ouest de cette Zone (plaines de Gaoual-Koundara) présente les grands effectifs de bovins grâce aux pâturages humides de moyennes vallées. Elle possède l'une des races des bovines d'Afrique qui résiste à la mouche tsé-tsé[8]. Sa production laitière reste artisanale.

La moyenne guinée recèle des richesses minières considérables : la préfecture de Tougué possède d'énorme gisement de bauxite inexploité, celle de Labé abrite des montagnes d'ardoise, et la préfecture de mali le calcaire propre a la production du ciment.

Suite à son importance écologique régionale en tant que château d'eau de l'Afrique de l'ouest, la moyenne a déjà attiré un grand nombre des projets aux approches d'amélioration et de protection multiples. Le massif de fouta Djallon fait l'objet d'un programme régional de restauration et d'aménagement intégré.

3.2   Recherche documentaire

Par définition la recherche documentaire vise à rassembler les informations ou les données nécessaires relatives aux sujets, par la lecture des divers documents. Elle permet de situer le travail de la recherche dans la limite des débats sur le sujet, dans le but de ne pas être en dehors de ceux-ci ou de rabâcher les termes antérieurs de la recherche sur le même sujet et de confirmer ou d'infirmer les hypothèses.

Dans le cadre de ce mémoire, notre recherche documentaire a porté sur divers documents : les ouvrages généraux, les rapports d'enquête des départements ministériels, les rapports des organisations internationales, les documents en ligne, les dictionnaires et les mémoires.

L'intérêt porté à ces documents tient au fait que qu'ils sont plus proches de la problématique de notre sujet et qu'ils sont tous utilisés une enquête participative.

---

[8] La race N'Dama, une race qui est très recherchée dans le développement de l'élevage des bovins dans d'autres pays de l'Afrique

Type d'étude: qualitative

Une recension des documents sur le développement local en Moyenne Guinée

Critères de sélection: documents publiés les dix dernières années et qui traitent du développement local en Guinée

Outils et techniques : les moteurs de recherche Google et base de données bibliographiques, l'expérience acquise sur terrain

3.3 Choix des indicateurs

Les données secondaires sur les quelles nous nous sommes de plus appuyées pour analyser sont les enquêtes menés par le ministère du plan, et les enquêtes des étudiants pour les mémoires cités au dessus. Pour ce qui du ministère du plan, nous nous sommes intéressé à savoir l'évolution de l'incidence de la pauvreté(P0), de la profondeur de la pauvreté(P1) et de la sévérité de la pauvreté(P2). Pour l'analyse des données on s'est référé des enquêtes mené respectivement en 1994/1995, 2002/03 et 2007 sur une population de 4416 ; 7095 ; et 7552 sur le plan national et dont l'analyse portait sur seulement 7611 au départ. Les 516 ont été exclus pour le fait d'avoir un nombre de passage incomplet, le nombre de visite trop faible et le décès des chefs des ménages par exemple.

3.4 Définition des indices de pauvreté

-Incidence de la pauvreté(P0) (indice en nombre d'habitants ou en nombre de ménages).

Il est la part de la population dont le revenu ou la consommation se situe en dessous de la ligne de pauvreté. C'est la part de population(ou ménage) qui ne peut pas se permettre d'acheter le panier de produits correspondant au minimum vital. L'incidence de pauvreté mesure la part de la population qui n'atteint pas le seuil défini.

-Quant à la profondeur(P1) de la pauvreté (écart de la pauvreté), elle indique la distance à laquelle les ménages se trouvent de la ligne de pauvreté. Elle prend en compte le déficit collectif moyen de revenu ou de consommation par rapport à la ligne de pauvreté pour l'ensemble de la pauvreté. Elle est obtenu suite à la sommation de tous les déficits des individus en situation de pauvreté (déficit zéro pour les non pauvre) et en divisant le résultat par le total de la population.

Pour ce qui de **la sévérité de la pauvreté (P2) :** cette mesure tient compte de la distance séparant les pauvres de la ligne et de l'inégalité existant entre les pauvres. Elle attribue une pondération plus importante aux ménages situés à la distance de la ligne de pauvreté**.**

Pour atteindre l'objectif sur l'évaluation de la pauvreté de 1994 à 2012, le travail est pénible, car les méthodes étaient différentes

Pour faire un état des lieux et perspective du développement local en moyenne Guinée, nous avons choisi comme outil d'analyse l'arbre à problème pour nous permettre de répondre à la question principale.

3.5   L'arbre à problèmes

L'arbre à problème est un outil méthodologique très simple, qui permet de schématiser pour mieux analyser la situation problématique et les causes à fin de proposer des solutions

En effet l'analyse des problèmes est une série de technique comprenant : l'environnement du problème ; l'identification des problèmes principaux et le central par rapport au contexte ; la présentation visuelle des rapports de cause et d'effet sous la forme d'un arbre de problèmes (Deutsche Gesellschaft fur Technicien Zusammenarbeit (GTZ))

3.5.1 Justification du choix de l'arbre des problèmes

Il facilite l'organisation des problèmes en créant un ordre logique qui aboutira à des conclusions logiques et à l'identification de solutions rentables. Il permet de mettre en rapport les effets et les causes par rapport aux problèmes identifiés

Par la suite nous tenterons à transformer cet arbre des problèmes par l'arbre aux objectifs.

1.1.1 Approche déductive

Elle consiste à passer des propositions prises pour prémisses à des propositions qui en résultent ; suivant des règles logiques. Donc à travers l'ensemble des problèmes rencontrés tirer une conclusion

Pour ce qui est des données nous nous baserons sur la qualité des documents pour mieux appréhender le problème de développement.

3.5.2 Limites de la recherche

- L'œuvre humain n'est jamais parfait ; le notre ne fait pas exception. Ainsi le manque d'enquêtes du terrain fait que nous aurons forcement certaines réalités qui ne seront pas énuméré ici.

- Cela pourra se justifier par manque de disponibilité des données de terrain et des sources fiables

- Bon nombre de documents consultés ne traitent spécifiquement du développement local en Moyenne Guinée

4 ANALYSE DES RESULTATS

Table 2: recapitulatif des problemes soulévés dans les rapports

PROBLEME IDENTIFIE	Indication des problèmes prioritaire	Résumé du problème qui empêche le développement local
Sur la gouvernance locale -Manque Transfert de compétence -Manque Transfert de patrimoine	X	Marge de manœuvre des autorités limité au niveau local
Plan financier -Insuffisance ressource financières -Insuffisance d'appuis de gouvernement central -Difficulté de recouvrement des taxes et impôts	X	Financièrement limité par rapport aux objectifs à atteindre
Capital humain -Limité en personne compétente -Taux d'analphabétisme élevé	X	Niveau d'instruction très basse au niveau local chez les responsables
Fonctionnement local -Un disfonctionnement poussé -Faible effort des acteurs sociopolitique -manque des infrastructures de base -Le dysfonctionnement des politiques sectorielles		Faible engagement des acteurs locaux pour la cause commune
Au niveau de la population Un niveau élevé des illettrés Trop de méfiance entre les deux parties Faible participation des femmes dans les prises des décisions La pauvreté générale de population locale	X	Absence de synergie entre autorités locale et les populations
Autres problèmes -Avancé de la corruption -Un manque plan carrière des cadres régionaux -Insuffisance de la gouvernance juridique -Le recule de la décentralisation (1992-2009)	X	L'absence de sanction des contre-performances local et voir nationale
Sur le plan agricole -Les sols sont pauvres -insuffisance des moyens financiers des agriculteurs les intrants agricole -Enclavement des zones de production -Instabilité sociopolitique du pays Insuffisance de formation des agriculteurs	x	Absence des instruments de développement agricole local

Source 3: tiré des rapports de recherche

4.1 Arbre a problèmes

Figure 3: arbre à problemes

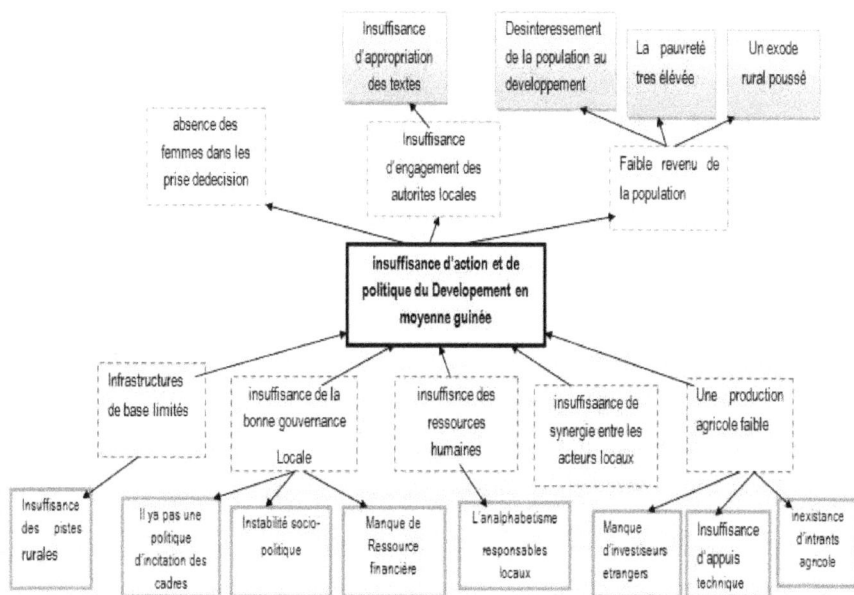

```
┌─────────────┐  ┌─────────────┐  ┌──────────┐  ┌──────────┐
│ Insuffisance│  │Desinteresse-│  │La pauvreté│  │Un exode  │
│d'appropriation│ │ment de la   │  │tres élévée│  │rural poussé│
│des textes   │  │population au│  └──────────┘  └──────────┘
└─────────────┘  │developpement│
                 └─────────────┘
```

- absence des femmes dans les prise dedecision
- Insuffisance d'engagement des autorites locales
- Faible revenu de la population

insuffisance d'action et de politique du Developement en moyenne guinée

- Infrastructures de base limités
- insuffisance de la bonne gouvernance Locale
- insuffisnce des ressources humaines
- insuffisaance de synergie entre les acteurs locaux
- Une production agricole faible

- Insuffisance des pistes rurales
- Il ya pas une politique d'incitation des cadres
- Instabilité socio-politique
- Manque de Ressource financière
- L analphabetisme responsables locaux
- Manque d'investiseurs etrangers
- Insuffisance d'appuis technique
- inexistance d'intrants agricole

4.1.1 Explication des indicateurs

Pour mieux donner un sens à notre analyse nous allons nous référer à la définition des conséquences du développement de la Banque Mondiale (BM). Pour elle le non réussite d'un développement a pour conséquence la pauvreté. Donc elle est la résultante de processus économiques, politiques et sociaux justifiant l'état d'indigence dans lequel vivent les personnes pauvres. Ainsi les enquêtes de L'ELEP révèlent que 7,2% des populations estiment que la pauvreté se définit par un manque de logement décent ; 11,2%par un manque de travail ; 15%par un manque de revenu et 25%soutiennent l'idée d'une insuffisance de moyens pour se nourrir.

Face aux différents problèmes nous avons cherché au travers différents rapports un indicateur de résultat clef qui est celui de la pauvreté. Pour mieux expliquer nous essayerons de savoir ce que c'est l'incidence de la pauvreté, profondeur de la pauvreté et la sévérité de la pauvreté.

Ainsi elles révèlent ce qui suit :

Le taux de pauvreté passe de 49.1% entre 2002/03 contre à 53% en 2007.

Une condition de vie des populations difficile à l'accès au besoin des premières nécessité, caractérisé par une espérance de vie de 58 ans et un taux mortalité infantile de 91pour mille.

Cependant la sorti de la guinée dans son isolement politique en 2010 a permis de relancer beaucoup de secteur. Mais cela n'a pas changé grand-chose sur la pauvreté de la population car entre 2007 et 2012 la pauvreté tend à accroitre de 53 à plus de 55.2 %. Ce qui signifie que les objectifs des OMD à l'horizon 2015 ne seront pas atteint (fig3), table3.

Table 3:l'évolution de la pauvreté en Guinée

Pauvrete	1994/1995	2002/2003	2007	2012
P0	62,5	49,1	53	55,2
P1	28,5	17,2	17,6	18,4
P2	16,1	8,1	8,2	8,4

Source 4: tiré de l'ELEP, 2011

Figure 3: la présentation graphique de l'évolution de la pauvreté en Guinée

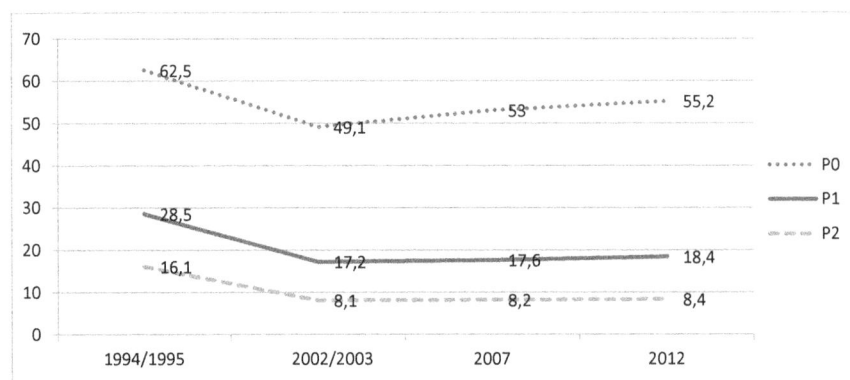

Source 3: tiré de l'ELEP, 2011

Nous constatons que l'incidence de la pauvreté et son profondeur ont baissé de 1994 à 2002/2003 mais à partir de là, il y a pas eu assez d'amélioration de condition de vie de la population plutôt nous avons la tendance qu'elle devient de plus en plus élevée.

Ces explications sont valables pour les autres indicateurs.

En faisant une comparaison de cette pauvreté entre la capitale et les autres villes de la région, nous constatons que : La pauvreté dans la capitale était faible en 1994 avec un 10,2% contre 27,4% en 2012. Cela peut s'expliquer de fait qu'il ya une mauvaise repartions des revenus, et un l'exode rural. Les causes peuvent être une très forte augmentation des prix des denrées alimentaires et en fin la structure du marché et niveau de revenu. Cependant elle n'évolue pas sur les mêmes proportions que dans la région (table4, fig3)

PO: incidence de la pauvreté

	1994/1995	2002/03	2007	2012
Conakry	10,2	20,5	26,3	27,4
Labe	82,5	65	59,8	65
Mamou	78,9	43,6	50,1	60,8

Figure 4: l'ecart d'evolution entre la capitale et deux villes de la region

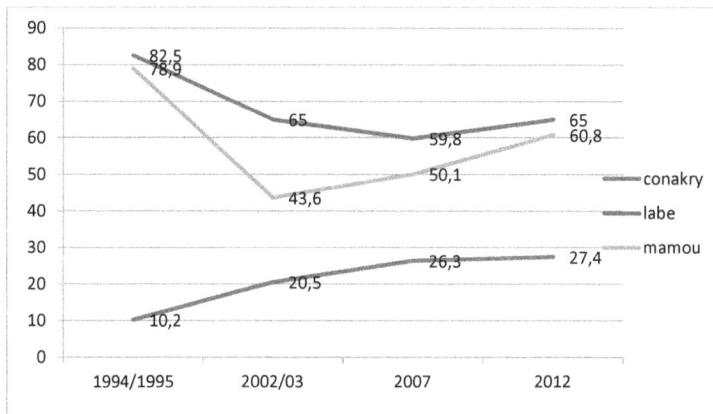

Source 5: Mamadou Moussa DOUMBOUYA

Selon les comptes nationaux, la croissance a augmenté entre 1994-1999 de 5.1% de moyenne annuelle et 3.4% par la suite. Ce qui signifie que pendant toute cette période elle était de 1.3%/tête. Après il y a un recul de moins 0.8% et de moins à 0.6% respectivement entre 2002/03 et 2007 et 2007et 2011. Par compte les enquêtes donnent une croissance de 2.8% entre 1994-2002 ; moins 4.8 et moins 0.3%respectivement 2002/03-2007 et 2007-2012.

Pour ce qui est de la profondeur de la pauvreté(P1)[9] nous constatons un écart des extrémités avec plus au moins stable.

Par compte celui de la sévérité nous constatons son évolution en 1994/95 qui décroit progressivement

Table 4: l'évolution de la pauvreté à Labé

	P0	P1	P2
1994/95	82,5	41	23,7
2002/03	65	28,7	16,3
2007	59,8	17,8	7,4
2012	65	25,8	13,4

Source 6:Mamadou Moussa DOUMBOUYA inspiré de l'ELEP,2012

Figure 5: l'évolution des courbes de la pauvreté à Labé

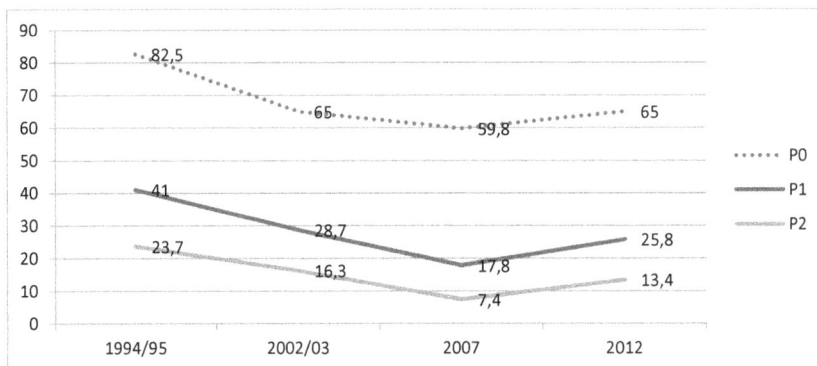

Source 7 :Mamadou Moussa DOUMBOUYA

Dans la ville de Labé cette pauvreté à baissé de 1994 à 2007 pour reprendre sa hausse avec un taux de 82,5 contre 59,8 pour reprendre avec 65 en 2012 ;

Les autres courbes ont tous suivi la même tendance : la profondeur de pauvreté et la sévérité.

Table 5: l'ecart existant entre les zones rurale et urbaines en pourcentage

	1994/95	2002/03	2007	2012
urbain	30,2	29,5	30,7	32,1
rural	69,8	70,5	69,3	67,4

Source 8: Mamadou Moussa DOUMBOUYA inspiré de l'ELEP, 2012

Nous constatons ici que cette pauvreté très grande dans les milieux ruraux qu'aux urbains.

Les causes fondamentales peuvent être d'ordre économique

Figure 6: l'ecart entre les urbains et les ruraux

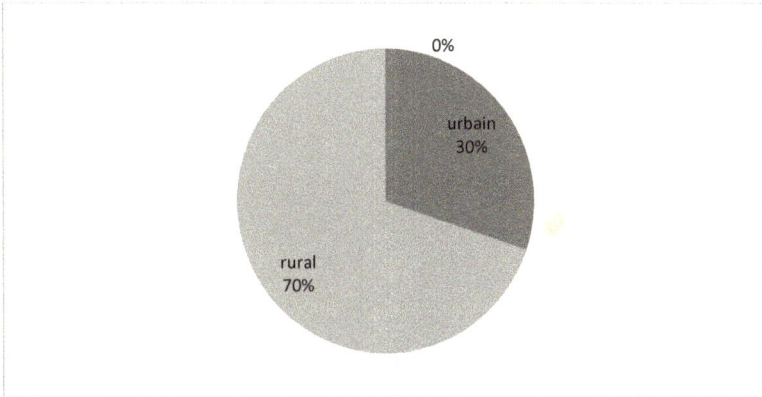

En guinée où le transfert public est faible, où les patrimoines des populations sont faibles et même le transfert entre ménage proviennent des revenu du travail.

Pour ce qui est des indicateurs socio de base restent à désirer car aucun progrès n'a été constaté.

A cet effet les enquêtes ont prouvé que seulement 8% de la population ont le diplôme universitaire, 1% de secondaire et 1% du primaire. Quand il s'agit de voir l'indice du développement humain, le rapport du PNUD dans sa dernière version 2011, classe la Guinée parmi les pays dont l'IDH est faible avec 0.344.Quant à l'IPF (indice de participation des femmes) dans les instances décisionnelles est aussi très faible ou voir même nul.

Face à l'ensemble de ces problèmes nous suggérons ce qui suit :

4.1.2 Arbre à solution ou des objectifs

Figure 7: arbre à solution

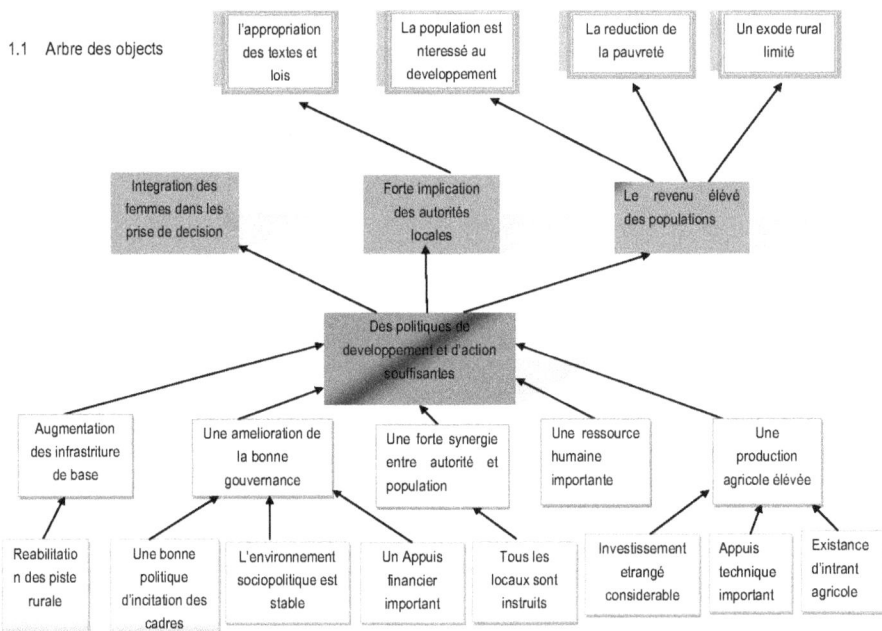

1.1 Arbre des objects

l'appropriation des textes et lois	La population est nteressé au developpement	La reduction de la pauvreté	Un exode rural limité

Integration des femmes dans les prise de decision — Forte implication des autorités locales — Le revenu élévé des populations

Des politiques de developpement et d'action souffisantes

Augmentation des infrastriture de base — Une amelioration de la bonne gouvernance — Une forte synergie entre autorité et population — Une ressource humaine importante — Une production agricole élévée

Reabilitation des piste rurale — Une bonne politique d'incitation des cadres — L'environnement sociopolitique est stable — Un Appuis financier important — Tous les locaux sont instruits — Investissement etrangé considerable — Appuis technique important — Existance d'intrant agricole

4.2 Les perspectives lies au développement local en Guinée

Voir l'ensemble des acquis et ce qui reste à réaliser, nous soutenons l'idée selon laquelle le développement est un produit par l'effort collectifs et assidus des groupes de gens qui veulent améliorer leur sort donc un processus de résolutions des problèmes.

4.2.1 Sur le plan politique

La stratégie est La nécessité de la création d'une cellule de médiation pour la gestion des conflits locaux, urbains ou régionaux qui est un instrument d'intégration et d'intégrité nationale ou la remise en marche de cette cellule.

La formation continue des élus locaux à la bonne mise en œuvre des textes des collectivités locales et envisager une politique d'alternance entre des jeunes cadres locaux et les anciens dans la gestion des collectivités locales ;

Instaurer le système GAR (gestion axées sur les résultats) et son application systématique au niveau de tous les secteurs qui est un instrument d'évaluation efficace surtout pour les jeunes États. Ainsi une telle méthode se base sur les principaux éléments suivants :

Le partenariat : il fait trait au partage de la mission et l'acceptation des objectifs de façon conjointe et les résultats à atteindre qui facilitent l'engagement des parties,

La responsabilité : l'imputabilité et la participation sont indispensable pour la gestion axée sur les résultats; en plus il faut clarifier le rôle de chacun pour favoriser un climat de confiance et cohésion sociale ;

La transparence : diffuser l'information autant que possible et faire en sorte que toutes les inquiétudes soient prises en compte dans le but d'atteindre les résultats.

La simplicité : faire en sorte qu'il ait la visibilité et la simplicité dans la compréhension et l'application de la gestion axée sur les résultats ;

La souplesse et apprentissage sur le tas : la gestion axée sur les résultats est un processus donc son application doit être de façon progressive.

Œuvrer pour la bonne application des stratégies de politique développement local en mettant les moyens nécessaires

Constituer une équipe de contrôle et d'évaluation rigoureuse sur différents programmes et mettre en place une méthode crédible pour rendre le programme de décentralisation plus efficace

4.2.2 Au niveau des secteurs élevages et pèches et agriculture

-Instaurer un cadre réglementaire incitatif et adapté aux besoins des acteurs économiques

-améliorer ce cadre dans les lieux ou il y en a pas, car le PACV n'a pas couvert toutes les préfectures et CRD de la Guinée

-désenclaver les communautés rurales pour faciliter la valorisation des produits locaux

-Former ses producteurs locaux au système améliorer de production moderne;

-Encourager la mise en place de mécanisme de financement et le développement d'un système financier approprié et de proximité ;

-Encourager les étrangers à investir des ces différents secteurs en améliorant l'accès a la terre et a la sécurisation foncière ;

- la prise en compte l'approche genre dans les différents secteurs

-Mettre en place un observatoire qui permettra d'articuler des formes d'investigation différentes en qualités et en quantités comme celui de la région de Kindia

4.2.3 La démarche de l'approche participative

Une participation qui n'est pas appropriée constitue la raison d'échec de la plus part des projets de développement. Ainsi le processus de planification doit avoir plus de participation des parties prenantes et surtout ceux qui n'ont pas la capacité de défendre leurs intérêts. Tenir compte non seulement de la rentabilité du projet mais voir aussi si son implantation n'engendre pas autres problèmes. C'est pourquoi il faut identifier :

- les risques, les obstacles et les conflits potentiels qui pourraient nuire aux programmes, aux projets ou aux activités faisant l'objet de la planification.
- Les opportunités et les partenariats qui peuvent s'ouvrir et être développés.
- Les groupes vulnérables ou marginalisés qui sont normalement écartés des processus de planification. Pour ne pas faire un effort inutile avec des couts très élèves sur des projets, il est nécessaire de comprendre ce niveau de participation des communautés. Ainsi ce niveau peut être catégorisé comme suit :

Table 6 : niveaux de participation

L'OBJECTIF DES DIFFERENTS NIVEAUX DE PARTICIPATION	
Informer	Présenter au public des informations mesurées et objectives afin de l'aider à comprendre le problème, les alternatives, les opportunités et/ou les solutions
Consulter	Fournir l'avis du public aux décideurs concernant une analyse, des alternatives et/ou des décisions
Impliquer	Travailler directement avec le public à toutes les étapes du processus afin de s'assurer que les préoccupations et les attentes du public est bien comprises et intégrées aux décisions
Collaborer	Collaborer avec le public pour chaque aspect de la décision, y compris pour la formulation d'alternatives et l'identification de la solution privilégiée.
Donner un pouvoir de décision	Laisser le public décider en dernier ressort.

Source 9 : REVIT Theme de coopération N°1 par Claire Gray,2007

La théorie du développement local et participatif insiste sur l'importance de la participation et de la responsabilisation effectives des populations dans toutes les actions de développement donc les secteurs privés, les communautés et la société civile ont tous un rôle important à jouer aussi bien dans la détermination de la demande que dans l'élaboration des politiques gouvernementales ou dans la prestation des services.

Pour cela il faut planifier cette participation des parties prenantes comme suit

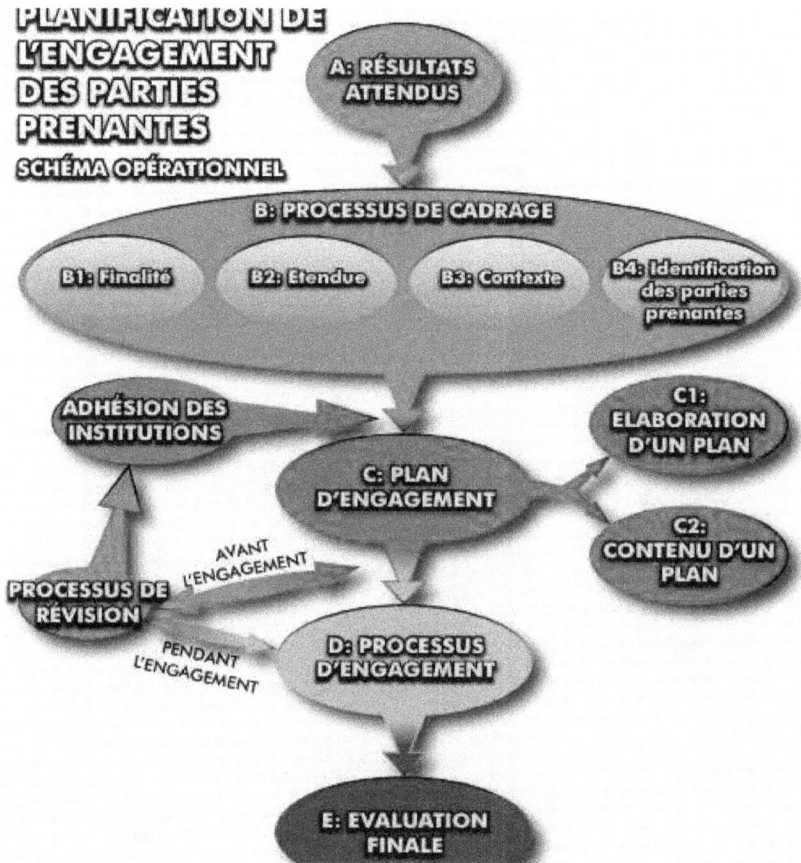

Source : Revit theme de cooperation N°1 par Claires Gray, 2007

Ce «schéma de planification de l'engagement des parties prenantes» nous montre que la finalité, l'étendue et le contexte de tout engagement des parties prenantes sont des facteurs étroitement liés. Cela s'explique par le fait qu'ils sont définis, à différents degrés, les uns par les autres. Combinés à l'Identification des parties prenantes, ils constituent le «Processus de cadrage» à partir duquel, en fonction de l'appui institutionnel, un «Plan d'engagement» pourra être formulé et le processus d'engagement des parties prenantes pourra être initié.

Pour ce qui est de l'outil d'identification nous allons toujours utiliser le modèle de Gray comme suit :

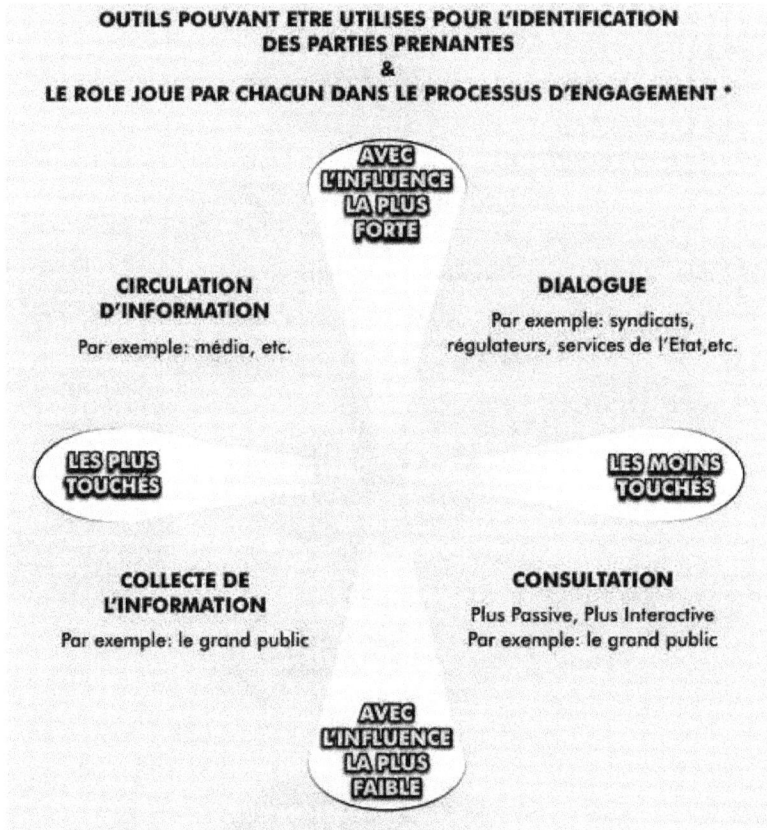

OUTILS POUVANT ETRE UTILISES POUR L'IDENTIFICATION
DES PARTIES PRENANTES
&
LE ROLE JOUE PAR CHACUN DANS LE PROCESSUS D'ENGAGEMENT *

AVEC L'INFLUENCE LA PLUS FORTE

CIRCULATION D'INFORMATION
Par exemple: média, etc.

DIALOGUE
Par exemple: syndicats, régulateurs, services de l'Etat,etc.

LES PLUS TOUCHÉS

LES MOINS TOUCHÉS

COLLECTE DE L'INFORMATION
Par exemple: le grand public

CONSULTATION
Plus Passive, Plus Interactive
Par exemple: le grand public

AVEC L'INFLUENCE LA PLUS FAIBLE

Source 10: gray,2007

En plus de ceux précité si haut on peut faire intervenir les axes suivants

Table 7: autres axes

Niveau d'intérêt pour la question	Facilité d'engagement
Représentativité	Pionniers "positives"/"Empoisonneurs négatifs"
Capacités et ressources	A fort/à faible temps d'antenne

Source 11: Gray, 2007

La relation entre ces acteurs remodifie lorsque les États se renforcent ou s'affaiblissent, ou lorsque la démocratie s'installe et que les citoyens s'affirment davantage -L'amélioration d'une part et la création d'autre des centres des formations pour adulte pour permettre de s'approprier du concept développement local ;

-En se référent de la réussite du développement local au Ghana et piloter par l'OIT, nous pensons que pour un travail décent la création de forums autonomes de développement local dans les CRD visant à améliorer les conditions des travailleurs dans l'économie informelle.

CONCLUSION

Suite à la lecture et analyse faites suite au parcours des documents liés au développement local participatif en moyenne Guinée nous tiré la leçon sur le plan contextuel, réalisation, résultat et sur son impact sur la population.

Sur le plan contextuel, nous avons cherché à décrire l'environnement dans le quel évolue le développement local. Ainsi nous avons constaté la création de beaucoup des projets et programmes dans la région. Cela était dû au fait qu'il ya une décentralisation sectorielle pour faciliter l'intégration régionale au processus de développement. Elle se justifiait aussi par une manifestation de volonté à faire contribuer la population à l'émergence économique locale mais cela devrait dépendre d'une volonté politique et d'une stratégie plus efficace des acteurs locaux sans quoi il n'y aurait pas une réussite d'un développement local durable.

-on se basant uniquement sur les moyens (financiers et humains) qui ont permis à la mise en œuvre du développement local en moyenne Guinée. L'État de son pouvoir régulateur devrait mettre les moyens nécessaires en termes de financement et des ressources humaines nécessaires pour la réussite du développement local. Chose qui n'est toujours pas évident en Guinée de façon générale et la moyenne Guinée en particulier.

-Sur le plan résultat on se focalisera juste sur le comment les populations locales ont réagies face au développement local. A ce niveau il ya un manque des techniques incitatives des populations à s'intéresser au développement local. Car les retombés des activités des projets sont minimes sur la population locale. Ce qui veut dire que le niveau d'implication doit être amélioré

-Et sur le plan impact sur la question de la finalité du développement local relative aux objectifs du développement local qui est celui l'amélioration des conditions de vie des populations et au delà de ceux-ci voir si les interventions publiques n'ont pas été efficaces.

Pour ce qui est de l'amélioration de condition de vie elle est loin d'être atteinte car c'est l'une des régions ou le taux de pauvreté est plus élevés parmi les quartes et où le taux d'analphabétisme bas son plein. Sans parler de manque d'infrastructure (école, piste rurale, eau...)

BIBLIOGRAPHIE

ALISSOUTIN L.R, (2008) Les défis du développement local au Sénégal

AQOCI (2008) Association Québécoise des organismes de coopération internationale la gestion axée sur les résultats en lien avec l'approche genre et développement, ,

BOUKHIRI (2005) Le développement humain durable, INDH.

BAH .M.L et Loquai C. 2001 : décentralisation et réduction de la pauvreté, perception des liens dans les politiques et les pratiques : cas de la Guinée.

CARE, Meera.H.K (1999) : Accepter la participation dans le développement : expérience vécu à travers le monde à partir des programmes de CARE...

CAMARA .M, et SRP, (2006) : l'évolution des 56 indicateurs de suivi-évaluation de la SRP-Guinée

CLUB du sahel et de l'Afrique de l'Ouest (2006) : les reformes foncières en Afrique de l'Ouest

DEBERRE J.-C. (2007) : Décentralisation et développement local.

DIALLO.M.B, KAMUANGA.M, KEITA.K, SOUMBA.J (2004) : Diagnostic du système élevage périurbain en Moyenne Guinée :

DIALLO S.C CIHEAM, (2009) : Contribution des instruments de politique dans le fonctionnement des marchés agricoles en Guinée-Montpellier

GRAY.C et Results S., REVIT(2007) : Thème de coopération N°1 : Engagement des parties prenantes, boites à outils.

M.D.D.L (2011) : lettre de politique nationale de décentralisation et de développement local

M.P (2012) : Pauvreté et inégalité en Guinée de 1994 à 2012

GTZ et M.P (2007) : Développement économique local à Labé (résultat du deuxième atelier de formation)

GTZ (2006) : La contribution des sciences économique et sociale à la bonne gouvernance en Afrique

OUATTARA. C (2003) : Développement communautaire et réduction de la pauvreté dans un contexte de décentralisation.

OCDE (1997a) :indicateurs environnent aux pour l'agriculture. Paris,

PNUD, (2009) Guide de planification et suivi-évaluation axée sur les résultats de développement.

PNUD(2011) : Le développement humain, durabilité et équité : un meilleur avenir pour tous

SAVADOGO.M (2011) : Analyse des relations entre décentralisation, l'aménagement du territoire et le développement local : cas du Burkina Faso

SANOGO.Y(2005) : Capitalisation d'expérience en Guinée Conakry et au Niger

VANDECANDELAERE.E, FAO, (2007): les différents échelons des politiques et leur coordination pour la préservation/valorisation des produits de qualité liée à l'origine

WANN.O (1999) : La stratégie d'un développement local durable en Afrique : cas de la Guinée

https://www.srp-guinee.org

http://www.erails.net/GN/fpfd/fpfd-/presentation/la-presentation-de-la-zone-de-couverture-de-la-fpfd/

http://www.guinee.gov.gn/1_bienvenue/_discours.htm

http://www.memoireonline.com/01/12/5103/m_Participation-des-populations-au-developpement-local-cas-de-la-commune-rurale-de-Koumban-prefect5.html)

http://www.erails.net/GN/fpfd/fpfd-/presentation/la-presentation-de-la-zone-de-couverture-de-la-fpfd/

ANNEXE

DISCOURS PROGRAMME DU PRESIDENT LANSANA CONTE : LE 22 DECEMBRE 1985

Guinéennes, Guinéens,

Je présente aujourd'hui un programme et des hommes pour le réaliser. De quoi la Guinée a-t-elle besoin? De producteurs libres et entreprenants, d'un État au service du développement. Pour l'instant, elle n'a ni les uns ni l'autre. Pour mesurer l'ampleur de la tâche qui nous attend, il faut comprendre comment fonctionne le système dont nous avons hérité. Au départ, un groupe d'hommes se rend maître du pays et des richesses de son sous-sol : l'or, les diamants, la bauxite pillés directement ou par Compagnies minières interposées. Alors que ces hommes vivent dans l'opulence, le pays est laissé à l'abandon. Les discours détournent la population des réalités. Durant 26 années, la politique remplace la production. Les conséquences en sont dramatiques pour l'économie pour les hommes, pour l'État. La santé d'une économie se mesure à la solidité de sa monnaie. Le syli est à l'image de l'économie guinéenne : gravement malade. La fermeture des frontières, l'isolement économique du pays, permettent de le maintenir à un cours artificiel très supérieur à sa valeur réelle. Les maîtres du pays peuvent ainsi importer à bon compte les produits de luxe qu'ils consomment en abondance et trafiquer sur les devises et les marchandises Mais toutes les activités sont désorganisées. Une monnaie sur- évaluée facilite les importations et décourage la production locale. Pourquoi produire sur place quand on peut acheter moins cher à l'Étranger ? Le riz guinéen laisse la place au riz importé, vendu cinq fois moins cher que sa valeur réelle.

Par le ravitaillement, le pouvoir tient le pays : il ne se contente pas d'acheter les consciences, il achète aussi les ventres. Le riz et le café guinéens fuient au-delà des frontières, vendus à bas prix en devises changées au marché parallèle. Ceux qui les vendent gagnent quand même, mais la Guinée y perd : elle nourrit l'étranger sans profit et doit importer à grands frais de quoi se nourrir. Les devises lui manquent pour réaliser les investissements indispensables   au développement économique et au progrès social : routes, centrales électriques, hôpitaux, écoles…

Dans les villes, la population a pris l'habitude de vivre des miettes du système : chapardages et trafics de toutes sortes. La production est délaissée ; le résultat, c'est le marché parallèle, les pénuries réelles ou provoquées, la hausse des prix. L'esprit d'initiative est découragé ; s'enrichir est mal vu, se perfectionner, dangereux. L'immobilisme, l'irresponsabilité deviennent des vertus ; particulièrement chez les fonctionnaires. Le vol et la corruption règnent. Comme les ressources naturelles, les ressources humaines sont gaspillées : comme les biens matériels, les valeurs morales se dégradent. De la maison Guinée, seule la façade est entretenue : seule la politique étrangère intéresse le pouvoir. A l'intérieur, l'État a disparu : l'impôt ne lui parvient plus ; la justice n'est pas rendue ; au lieu d'arrêter les voleurs, la police vole pour son propre compte ; chaque

37

fonctionnaire prélève sa dîme. L'État, ou plutôt ce qui en tient lieu, est devenu le premier brigand de Guinée.

A sa place, pour cacher le système, il y a le parti. Aujourd'hui, le parti a disparu mais le système est toujours là. IL se love dans les ruines de l'État et de l'économie. Pour l'en chasser, il faut faire de profondes réformes. Cela ne se fera pas en un jour, ni sans efforts. La période de transition sera difficile.

Nous ne nous en sortirons que par le travail. Mais, cette fois-ci, Guinéens, vous ne vous sacrifierez pas pour le seul profit d'une poignée d'hommes : vous êtes maintenant responsables de votre avenir : c'est votre propre bonheur que vous allez construire D'abord, bâtir un État au service La Guinée a besoin de fonctionnaires au service exclusif de leur pays ; de fonctionnaires responsables et efficaces : de fonctionnaires conscients d'appartenir à une équipe qui joue une partie décisive pour notre avenir. Sans un objectif commun, sans solidarité entre ses membres, une équipe ne gagne pas. Aujourd'hui, dans l'Administration, chacun garde la balle pour lui ; l'information ne circule pas ; les collègues et les subordonnés sont ignorés. Les compétences quand elles existent, sont mal utilisés. Le choix des hommes dépend plus des relations personnelles que des qualifications réelles. Les structures sont inadaptées et les responsabilités totalement diluées : personne n'ose prendre de décision, tout remonte jusqu'au sommet. Cela n'est pas possible ! Un homme ne peut diriger à lui tout seul un grand pays comme le nôtre. Pour que chacun sache ce qu'il doit faire, soit capable de le faire et ait envie de le faire, nous allons réformer l'Administration. A la fonction publique, nous avons hérité de la pagaille. Pour savoir où nous en sommes, nous recensons les fonctionnaires et les travailleurs de l'État. Parallèlement, sont définis les missions de chaque service, les structures appropriées et les postes à pourvoir. Ensuite, des hommes seront affectés à ces postes en fonction de leur compétence. La sélection se fera à partir d'une formation préalable par des spécialistes du secteur concerné. Les agents non retenus seront placés en position de disponibilité spéciale : leur salaire sera maintenu mais l'accès aux locaux de la Fonction Publique leur sera interdite. Certains d'entre eux, après une formation complémentaire retrouveront leur place dans l'Administration. La reconversion dans le secteur privé sera encouragée par des primes de départ, des prêts bancaires garantis et des sessions de formations.

Ceux qui ne sauront pas saisir toutes les chances que nous leur offrons, soit de réinsertion dans la Fonction Publique, soit de reconversion dans le secteur privé, seront licenciés à la fin de la période de restructuration. Les besoins de la nouvelle Administration guinéenne seront limités. Nous pourrons donc réduire les effectifs et mieux payer ceux qui restent au service de l'État. Rapidement, il faut que le salaire du fonctionnaire lui permette de vivre correctement avec sa famille, sans qu'il ait besoin de chercher ailleurs des compléments de revenus. Cette réforme est essentielle. Je tiens à ce qu'elle soit menée avec toute l'autorité et la compétence nécessaire. A cet effet, je crée auprès de la Présidence de la République un commissariat général à la Réforme Administrative directement placé sous mon autorité. Pour la grande majorité des fonctionnaires, la situation actuelle cumule les inconvénients. Responsabilités, qualifiés, bien rémunérés, demain, ils formeront l'Administration du Redressement national. Un véhicule abandonné, laissé longtemps sans entretien, c'est l'économie guinéenne d'aujourd'hui. La remettre en marche est notre affaire à tous. Pour démarrer sur des bases saines, il faut d'abord la réviser entièrement ; ensuite, veiller à ce qu'elle ne dérape pas, et pour cela, maintenir les équilibres nécessaires ; enfin, savoir où nous voulons aller sinon, d'autres nous feront aller là où nous ne voulons pas.

Je propose aujourd'hui aux Guinéens un projet de développement que nous aurons à préciser et à réaliser tous ensemble. Ce projet, c'est l'autosuffisance pour tous les produits essentiels au bien-être : alimentation, logement, habillement… C'est la maîtrise du marché intérieur par des Entreprises nationales conçues à l'échelle de nos besoins. Dans la réalisation de ce projet, l'Etat prendra ses responsabilités Il n'agira plus à la place des Guinéens, mais quand c'est nécessaire, les aidera et les protégera. Notre économie doit se rôder ; elle ne peut, sans risques, s'ouvrir brutalement à la concurrence étrangère : elle s'engagera progressivement sur la voie du libéralisme. D'abord, il faut révise le véhicule. Le préalable à tout redressement économique, c'est l'assainissement monétaire. En 1986, la Guinée aura une nouvelle monnaie. Changer des millions de billets ne s'improvise pas. Nous le ferons lorsque toutes les conditions de réussite de l'opération seront réunies. Tout détenteur de devises peut déjà les changer à un taux qui reflète mieux la vraie valeur de notre monnaie. Un système bancaire digne de ce nom se met en place. La réorganisation de la Banque Centrale est en bonne voie. Dès demain, les autres banques d'Etat seront fermées. Trois banques à capitaux mixtes ou privés, guinéens et étrangers, sont ou seront à brève échéance installées à Conakry et dans l'intérieur du pays. Ce sont des vraies banques, vous pouvez avoir confiance en elles ; votre argent est, en permanence et intégralement, à votre disposition ; si vous avez un projet sérieux, vous pouvez emprunter. Comme la monnaie et le crédit, les instruments juridiques sont essentiels au développement économique. Ces derniers mois, un effort de réglementation a été accompli. Il est encore marqué par l'esprit du système et traduit plus le souci du contrôle et du trafic d'influence que la volonté de promouvoir la libre entreprise. Je veux que chaque Guinéen ait la plus grande liberté d'investir et de créer l'Entreprise de son choix. Les agréments vont être supprimés et les procédures simplifiées au maximum. Une commission est chargée de proposer d'urgence les mesures à prendre pour établir en Guinée l'environnement institutionnel le plus favorable à l'épanouissement de l'initiative privée, prioritairement celle de nos compatriotes.

L'économie a besoin de règles de jeu claires et précises : que chacun sache ce qu'il peut faire et ce qu'il ne doit pas faire. Ceux qui respecteront ces règles n'auront rien à craindre de l'État ; leur réussite ou leur échec dépenda de leur capacité à affronter la concurrence. Satisfaire les besoins des clients et réaliser des profits, cela doit aussi être la règle pour l'actuel secteur d'État. C'est dans cette perspective que nous allons l'assainir.

Une profonde rénovation avec réduction des effectifs du personnel s'impose pour la plupart des Entreprises qui le composent. Sauf dans les domaines stratégiques, nous souhaitons que ces entreprises soient reprises par le secteur privé ou transformées en sociétés d'économie mixte. Nous ne pouvons tenir compte du seul critère de rentabilité immédiate pour fermer celles qui devront l'être. Nous devons, en effet, éviter de priver le pays de capacités de production qui, demain seront utiles pour atteindre notre objectif d'autosatisfaction des besoins élémentaires. Les droits des travailleurs seront préservés : préalablement à tout changement de statut, des Conventions collectives seront négociées par secteurs d'activité ; un droit du travail moderne garantira à la fois les intérêts des travailleurs et ceux des Entreprises.

Dans une économie de libre entreprise, l'État doit maintenir les principaux équilibres économiques : budget, échanges extérieurs. Sinon, le véhicule dérape : la monnaie se déprécie et les réformes échouent Avant de prélever des impôts, il faut créer la richesse. Notre fiscalité encouragera les investissements créateurs d'emplois. Nos recettes budgétaires sont limitées : nous les utiliserons au niveau des intérêts du pays, en réduisant les frais de fonctionnement de l'État et en donnant la priorité aux dépenses productives.

Les devises aussi sont rares, et, après la dévaluation, elles coûteront beaucoup plus cher ; il faut les économiser et les faire entrer en plus grande quantité. En cela, nos compatriotes de l'Extérieur peuvent beaucoup nous aider : si, tous les mois, chacun d'eux envoyait par la voie officielle 500 CFA à sa famille, cela représenterait pour la Guinée deux fois les revenus de la bauxite. Mais l'important est de produire afin de réduire les importations et d'accroître les exportations.

L'Etat doit aujourd'hui, prioritairement, aider à réclamer la production : elle seule procurera des revenus aux Guinéens, à ceux qui investissent à l'intérieur du pays. Nous allons mettre en place un système d'aider à la création et au développement des Entreprises, en donnant la priorité à ceux qui investissent à l'intérieur du pays. Pour le redressement national, nos paysans sont en première ligne. Il suffit de sortir de Conakry pour se rendre compte de l'effort qu'ils ont accompli avant même que l'aide prévue leur soit parvenue. Pour leur faciliter la tâche, l'État fera tout ce qui est en son pouvoir. Dans les villes, la chute des revenus parallèles vaposer de graves problèmes sociaux. Les experts ne pensent pas toujours à ces choses là et les reformes se cassent le nez dessus. Il faut remplacer d'urgence les revenus spéculatifs qui vont disparaître par des revenus provenant du travail. Les organisations internationales et les pays amis doivent savoir que la création et le développement des petites et moyenne Entreprises sont à court terme, nos priorités absolues. C'est par des actions ponctuelles, concrètes et bien adaptées aux besoins de chacun que l'État peut intervenir efficacement.

Par exemple, en favorisant le regroupement volontaire des entrepreneurs d'un même corps de métier pour l'approvisionnement et le stockage des matières premières. Le secteur du bâtiment est celui où les potentialités de production comme les besoins à satisfaire sont les plus importants. Que ce secteur s'organise rapidement, l'État lui confiera en priorité toutes les constructions et rénovations de bâtiments administratifs. Je souhaite que dès 1986 un important programme de construction de locaux scolaires puisse être réalisé par des entrepreneurs guinéens. Produire et commercialiser guinéen doit être aujourd'hui notre mot d'ordre. Il n'y a pas d'économie libre sans commerce libre. Aujourd'hui en Guinée, il y a le Commerce d'État et les trafiquants, le premier servant à alimenter les seconds. Dans les magasins d'État, les produits sont détournés et vendus sur le marché parallèle à des prix exorbitants. L'intérêt de tous est que s'instaure en Guinée un vrai commerce, travaillant sur de grandes quantités et pouvant donc se contenter de bénéfices raisonnables en vendant les marchandises à leur juste prix.

Actuellement, pour certains privilégiés le kilo de riz est à 20 sylis ; les autres le payent 100 à 150 sylis. Par le libre jeu du marché, le prix du riz s'établira à un niveau intermédiaire correspondant à son coût réel plus le bénéfice normal du commerçant. La régularité des prix et des approvisionnements sera assurée et la population y trouvera son compte ; le pays aussi, car seule une juste rémunération du travail de nos paysans permettra d'arriver à l'autosuffisance alimentaire. Aujourd'hui, je prends les décisions suivantes : les cartes de ravitaillement sont supprimées ; les magasins d'État ALIMAG et ALIDI sont fermés, d'autres les seront ultérieurement. Au cours de l'année 1986, l'État s'efforcera de mettre les devises nécessaires au paiement des importations à la disposition des commerçants qui auront passé avec lui un accord sur la nature des marchandises à importer et sur le niveau des prix au détail. L'assainissement économique n'ira pas sans sacrifice. Les prix des produits importés par l'État, c'est-à-dire payés en devises obtenues au cours officiel, vont fortement augmenter.

Ces prix sont aujourd'hui anormalement bas, tout comme le sont les salaires des agents de l'État. Nous allons réajuster les uns et les autres. Des subventions seront provisoirement accordées aux principaux services publics, tels que les transports, pour que ceux-ci ne répercutent pas sur les usagers l'intégralité des hausses qu'ils auront à supporter. De telles actions sont nécessaires à un développement économique et social harmonieux. L'État ne doit ni produire ni commercialiser lui même ; mais il ne peut se contenter d'être un spectateur passif du jeu économique : sinon, c'est la loi de la jungle. Nous connaissons les effets néfastes du libéralisme sauvage sur la société africaine. Nous ne voulons pas de l'écrasement des faibles par les forts : profiteurs du système, spéculateurs et groupes internationaux. Nous ne voulons pas du seul critère de rentabilité immédiate pour le choix des investissements nos campagnes seraient délaissées. Nous ne voulons pas qu'une minorité de privilégiés sous influence extérieure impose son modèle de société à un peuple resté fidèle à ses traditions. Nous voulons tout le contraire : La mise en valeur de la Guinée par les Guinéens eux-mêmes : ils sont assez nombreux, intelligents, entreprenants. Nous voulons que notre pays se développe prioritairement avec les nationaux sans dépendance de l'extérieur qui ne puisse être rattrapée par la suite. Les Étrangers qui désirent investir en Guinée sont les bienvenus s'ils ne s'ingèrent pas dans les affaires de l'État et s'ils investissent en priorité à l'intérieur du pays. Ce sont nos paysans qui vont reconstruire le pays assurer l'autosuffisance alimentaire et le développement de ses exportations. Nous devons empêcher l'exode rural et favoriser le retour à la terre en donnant la priorité à l'amélioration des conditions de vie dans les campagnes. Nous faisons le choix d'une société fondée sur les solidarités naturelles mises au service du développement. Renforcer ces solidarités là où elles existent encore, c'est l'objet de la décentralisation. Les créer aux niveaux plus complexes de la vie économique et sociale, c'est l'enjeu de la planification contractuelle et décentralisée.

Autour de ces deux axes, doivent s'articuler l'ensemble de nos politiques. Les traditions de coopération et d'entraide sont toujours vivantes dans les campagnes. Grâce à elles, la Guinée a survécu à 60 années de colonisation et 26 années de dictature. Pour construire une maison, récolter un champ, secourir un malade, nos populations se regroupent spontanément. Il ne s'agit pas là de politique mais bien de solidarité. Je songeais à ces solidarités naturelles quand j'ai proposé à nos populations rurales de constituer des Districts. Je n'ai pas toujours été bien compris. Dans beaucoup d'endroits on a reconstitué les P.R.L. les anciens dignitaires ont accaparé le Pouvoir, ailleurs on a créé des Districts trop étendus : les villages les plus éloignés du chef-lieu sont oubliés, sauf quand il s 'agit de payer l'impôt. Là-dessus, on ne peut rien construire de durable. Le District doit regrouper des villages qui ont tissé entre eux des liens étroits, souvent fondés sur des relations de parenté ou d'alliance, et qui ont l'habitude d'organiser leur vie quotidienne sur des bases collectives. Leurs habitants n'auront alors aucune difficulté à choisir ceux qui sont dignes de les représenter ni à décider des mesures d'intérêt collectif à prendre. Partout où cela est nécessaire, et sans qu'aucune contrainte ne leur soit imposée, nos villageois doivent redéfinir les limites de leur District et désigner de nouveaux représentants. Les districts doivent permettre aux populations de gérer en toute liberté leur mode de vie traditionnel. Mais leur taille est insuffisante pour entreprendre des actions de développement économique. Pour aménager une route, faire un petit barrage, défricher une terre, créer un marché, faire fonctionner une école ou un dispensaire, il faudra souvent rassembler les forces de plusieurs d'entre eux. Entre Districts voisins se créeront progressivement de nouvelles solidarités et leurs populations prendront conscience de la nécessité de se regrouper au sein d'unités plus vastes. Ce seront les communautés rurales de développement que je souhaite venir se mettre progressivement en place. Parallèlement, au niveau des villes, des communes seront créées à partir des Quartiers. Ces nouvelles collectivités s'administreront librement et auront à leur disposition des ressources suffisantes pour leur assurer une réelle autonomie financière. Les moyens d'intervention de l'État seront regroupés au niveau des Préfectures. Outre les actes qui relèvent toujours de la puissance publique, justice, police, État-civil, cette intervention sera essentiellement une assistance au développement. Les moyens nécessaires seront placés entre les mains de mes représentants directs en exclusif, les préfets qui auront ainsi la pleine responsabilité, devant moi et devant les populations, de la mise en œuvre, dans leur Préfecture, de la politique du Gouvernement. Les actuelles circonscriptions territoriales ont servi au précédent régime à imposer l'intervention du pouvoir politique central dans tous les actes de la vie quotidienne. Elles seront progressivement supprimées et remplacée par des unités plus conformes aux vœux et aux besoins des populations, ainsi qu'aux réalités culturelles et économiques du pays. Dans un premier temps, pour assurer le redressement national, la Préfecture sera le lieu d'intervention de l'État et la communauté rurale de développement le lieu d'action des populations. Ces communautés vont promouvoir le développement économique de nos campagnes. Routes ou puits, école ou dispensaire : nos paysans sont les meilleurs juges de leurs besoins. Ces besoins, ils peuvent en partie les satisfaire avec les ressources humaines et financières à leur disposition. Ils doivent d'abord compter sur leurs propres forces, mais également sur l'aide de l'État et de la communauté internationale. Cette aide n'ira pas spontanément dans les villages : la tendance est aux grands projets qui coûtent des millions de dollars : les petits projets sont oubliés. Je veux inverser cette tendance et donner vraiment la priorité aux microréalisations. Pour y parvenir, nous allons associer nos collectivités locales à l'élaboration de la planification. Chaque communauté devra définir les investissements qu'elle souhaite réaliser en

priorité sur son territoire, les moyens humains et financiers dont elle dispose et ceux dont elle manque pour les effectuer. Ces projets seront rassemblés au niveau préfectoral puis au niveau national où seront assurées la coordination et la cohérence nécessaire. Ceux qui auront été retenus seront intégrés au Plan National d'Investissement qui aura ainsi un important volet d'exécution local. Une part importante des ressources affectées au développement par l'État et la coopération internationale sera répartie entre les différents projets sur une base contractuelle : l'État apportera sa contribution dans la mesure où la collectivité locale aura mobilisé ses propres ressources. Ainsi, la planification contractuelle et décentralisée sera l'outil essentiel d'un développement équilibré de la Guinée.

Rattaché à la Présidence de la République, le Ministère du Plan et de la Coopération Internationale va définir un projet de développement pour le pays et vérifier que les différentes politiques sectorielles sont cohérentes avec ce projet. Il va élaborer le budget national d'investissement de l'État et, en liaison avec le Ministère de l'économie et des Finances, en assurer le suivi technique et financier. Enfin, il va définir une stratégie de l'endettement. La Guinée a besoin de l'aide internationale. Mais un jour, cette aide il faudra la rembourser. Pour ne pas laisser une dette trop lourde à ceux qui viendront après nous, nous allons sélectionner les projets à réaliser et donner la priorité aux investissements qui favorisent le développement du pays. La Guinée est engagée dans une course de fond. Certains font une course de vitesse et signent n'importe quoi au non de l'Etat ! Le Ministère du Plan et de la Coopération Internationale doit mettre fin à ce gaspillage. Il doit

également coordonner l'action des experts étrangers en service auprès de notre gouvernement et veiller à ce que cette action soit conforme aux orientations de notre politique. En Guinée, on ne sait plus faire marcher un Etat ou une économie. Il faut réapprendre. Pour nous aider, j'ai fait venir des experts. Il sont là pour servir notre pays, pas pour le diriger à notre place. L'expert connaît mal les réalités locales : il doit travailler sous notre contrôle et avoir à ses côtés des Guinéens capables d'apprendre à son contact et de le remplacer le jour venu. Les experts coûtent très cher, surtout ceux des sociétés privées ; nous avons des cadres très qualifiés ; nous leur ferons appel. Il y a trop d'experts à certains endroits, pas assez à d'autres : par manque de coordination, l'assurance technique est mal utilisée. IL faut y mettre de l'ordre. Cette assistance est parfois très efficace. Certains experts se sont mis au service de notre pays avec compétence, dévouement et sans arrière-pensées. Je tiens à les féliciter et à les encourager. Nous devons nous garder de deux excès : penser que nous ne sommes bons à rien, et que seuls les Etrangers nous sortirons d'affaire, croire que nous pouvons nous débrouiller tous seuls, sans aucune aide extérieure.

Ne vous inquiétez pas, Guinéens : je ne laisserai pas recoloniser la Guinée par qui que ce soit ; nous saurons préserver une indépendance acquise dans des conditions dont nous sommes fiers ; mais cette fierté ne doit pas être mal placée. Il nous faut connaître nos limites et apprendre à les dépasser. Ce n'est plus en fermant nos frontières que nous nous rendrons maîtres de notre destinée, c'est en nous perfectionnant dans tous les domaines et en renonçant définitivement aux erreurs du passé. Le

3 Avril 1984, nous avons abattu une dictature sanglante. Sans excès ni

vengeance ; sans verser une goutte de sang. Nous avons tourné le dos aux comportements contre lesquels nous nous sommes dressés. L'opinion internationale a salué le nouveau régime avec étonnement et admiration. On a trop attendu de la Guinée en matière de droits de l'homme. Les hommes ne changent pas vite ; les moments de souffrance ne s'oublient pas facilement. Quand l'occasion leur fut donnée, certains se sont vengés sur ceux qui symbolisaient un passé abhorré. Nous sommes retombés dans le cycle infernal de la répression et de la vengeance. Je suis profondément convaincu qu'il faut cesser d'entretenir des ressentiments qui accentuent nos divisions et je souhaite que tous partagent cette conviction. Sachons surmonter nos faiblesses et cessons de regarder derrière nous. Ce sera plus facile bientôt, quand le système aura été définitivement abattu. Aujourd'hui, ce système est encore présent dans ce qu'il a de pire dans des pratiques que notre population espérait à jamais révolues. Le comportement de certains agents de l'Etat est inadmissible. Les détentions arbitraires dont le seul objet est de soutirer de l'argent à des innocents, doivent immédiatement cesser. Les ministres de la Justice et de la Sécurité ont une tâche impérieuse et urgente à remplir : faire de la Guinée un Etat de droit, un Etat respectueux de droits de l'homme et des libertés individuelles. Un pays uni et un pouvoir efficace : pour mieux attendre et double objectif, j'ai décidé de réformer en profondeur nos institutions. L'équilibre et la solidarité entre nos régions constituent la pierre angulaire de notre politique de développement. Actuellement, ceux qui dirigent la Guinée sont plus soucieux de se faire connaître à l'étranger que d'agir pour la transformer. Tant qu'à voyager, aller dans nos régions est plus utile ! Pour renforcer notre unité, le C.M.R.N. va être présent dans

tout le pays. Pour rendre notre action plus efficace des hommes qui ont parfaitement compris le sens de notre politique vont aller la mettre en œuvre à l'intérieur du territoire. Dans la difficile période de transition que nous traversons, il y plus de responsabilité à diriger une région qu'un département ministériel. J'ai décidé de créer des postes de Ministre Résident à la tête de chacune d'elles et d'y placer des hommes en qui j'ai entière confiance tant sur le plan de la fidélité aux principes du

C.M.R.N, que sur celui de leur capacité à assumer une tâche particulièrement difficile. Je sais qu'ils accompliront avec conscience et courage leur mission au service de la nation. Dans le même souci d'une meilleure administration du territoire j'ai nommé à la tête de chaque Préfecture des enfants du pays : placés sous le double contrôle du pouvoir central et de la communauté dont ils sont issus, ils auront à cœur de s'acquitter le mieux possible de leur fonction. Personne ne doit être oublié dans le développement national.

Notre unité en sera renforcée. Désormais je souhaite parler aux Guinéens sans avoir ni à me référer à leur origine, ni à l'endroit où ils vivent. Tous tiennent la même place dans mes préoccupations. Tous ont les mêmes droits et les mêmes devoirs. Chacun peut participer à la place qui est la sienne et à sa manière à la reconstruction matérielle et morale du pays. A cette œuvre de reconstruction, le nouveau gouvernement va s'atteler avec une ardeur renouvelée. De nouvelles structures rendent le travail de chacun et de tous plus efficace. La confiance que vous me portez, Guinéens, je vous demande de l'accorder à l'équipe que j'ai réunie autour de moi. J'ai essayé de faire le meilleur choix possible. J'ai pu me tromper. J'ai certainement oublié des hommes de grande valeur. Tous,s'ils le désirent, trouveront à s'employer au service de leur pays. Je demande aux ministres et à tous les hauts responsables du pays de remplir la charge que je leur confie en accord avec les grandes orientations que je viens de présenter à la nation. Des hommes responsables et solidaires vont édifier en Guinée une, société fondée sur des contrats librement consentis. Des liens brisés par un régime qui a survécu en faisant le vide autour de lui seront renoués Au début, ces liens seront fragiles : la Guinée sera convalescente. Je demande à tous d'en tenir compte et de n'avoir qu'une seule préoccupation ; servir le pays.

Vive la Guinée !

www.ingramcontent.com/pod-product-compliance
Lightning Source LLC
Chambersburg PA
CBHW030657270326
41929CB00007B/404